STANLEY KUBRICK:
O MONSTRO DE CORAÇÃO MOLE

COLEÇÃO PERSPECTIVAS
dirigida por J. Guinsburg

Supervisão editorial: J. Guinsburg
Edição de texto: Adriano C.A. Sousa
Revisão: Lilian S. Avrichir
Capa e projeto gráfico: Sergio Kon
Produção textual: Luiz Henrique Soares e Elen Durando
Produção: Ricardo W. Neves, Sergio Kon e Lia N. Marques

Marcius Cortez

o monstro de
STANLEY
KUBRICK
coração mole

cip-Brasil. Catalogação na Publicação
Sindicato Nacional dos Editores de Livros, rj

c858s
    Cortez, Marcius
        Stanley Kubrick : o monstro de coração mole / Marcius Cortez. - 1. ed. - São Paulo : Perspectiva, 2017.
        216 p. : il. (Perspectivas)

    isbn 978852731111-3

    1. Kubrick, Stanley, 1928-1999. 2. Diretores e produtores de cinema - Estados Unidos - Biografia. i. Título. ii. Série.

17-44457
        cdd: 927.9143028
        cdu: 929:791

31/08/2017 04/09/2017

Direitos reservados à

editora perspectiva ltda.

Av. Brigadeiro Luís Antônio, 3025
01401-000 São Paulo sp Brasil
Telefax: (11) 3885-8388
www.editoraperspectiva.com.br

2017

SUMÁRIO

1   O Lobo das Elipses
12

2   Ele Estreou, Mas Não Estreou: Como É Que É Mesmo?
22

3   *Made in USA*, Com Muito Orgulho
30

4   Tarantino Esfola a Pele, Kubrick Esfola o Cérebro
60

5   Um Clássico de Guerra na Mira da Censura
74

6   Arrumou a Trouxa e Abriu Lojinha em Londres
86

7   Sua Perdição Não Foi Lolita, Foi Peter Sellers
94

8 *Heil Hitler*: Kubrick Rasgou a Fantasia
112

9 Marshall McLuhan Roncou Vendo o Segundo Melhor Filme do Mundo
122

10 Vai Uma Laranja *Punk* Aí?
134

11 Ryan O'Neal Não Era Apenas um Jovem *Guapo*
152

12 Jack Nicholson Não Disse Nada Para a Mãe de Kubrick
168

13 A Lolita do Vietnã
186

14 Nicole Kidman e Tom Cruise: *Fuck* ou Amar?
198

O
LOBO
DAS
ELIPSES

I

O LOBO
DAS
ELIPSES

> Dios mueve al jugador, y éste, la pieza.
> Qué dios detrás de Dios la trama empieza
> De polvo y tiempo y sueño y agonías?
> JORGE LUIS BORGES[1]

Stanley Kubrick acreditava que era um ser eleito. Por isso o ator Malcolm McDowell o chamava de deus. Nascido em Nova York, Kubrick personifica um tipo de filme que irradia cinema e espetáculo[2]. Desenvolveu um sentido próprio de beleza retratando a vida degradada e a sua permanência. Ao longo de 49 anos de carreira, o menino do bairro do Bronx dirigiu três curtas e treze longas-metragens. Seus filmes fotografados com maestria são bulas para o público compreender o mundo e não desanimar diante da irracionalidade de seu funcionamento. Sua obsessão pelo benfeito gerou o mais precioso tesouro da sétima arte. Diferenciando-se por sua maneira de produzir cinema, Kubrick abordou problemas humanos livres da ótica do ângulo moral e da lógica comum. Sua filmografia é um legado, para dizer o mínimo. Legado que está além da relatividade do tempo e das realidades circunstanciais pelas quais fumegam as chaminés da indústria cultural.

Nos dias de sol em Childwickbury Manor, St. Albans, Hertfordshire, Inglaterra, perto da árvore onde repousam seus restos

---

1 Ajedrez, *Obras Completas*, Buenos Aires: Emecé, 1974.
2 Stanley Kubrick nasceu no dia 26 de julho de 1928 e faleceu na Inglaterra, vítima de infarto, em 07 de março de 1999. Era filho do médico Jacob Leonard Kubrick (1902-1985) e Sadie Gertrude Perveler Kubrick (1903-1985), judeus não praticantes, emigrados da Europa Central e residentes, à época, no número 21 da Avenida Clinton, Bronx. O bairro inteiro conhecia o pai de Kubrick como dr. Jacques ou dr. Jack. De certo, o velho teve boas razões para esconder seu nome verdadeiro.

mortais, vê-se sua imagem a conversar com a Criança das Estrelas. O diretor sorri pensando no seu prazer de construir surpresas e desconstruir fórmulas. Em franco desacordo com nomenclaturas salvacionistas, para Kubrick, cinema significava ausência de ideologias e de Deus. Era um artista que preservava o código exclusivo de sua originalidade e do "pessimismo transcendido" que sonha com o anjo alemão interpretado por Christiane Kubrick, que marcou o cinema na cena final de *Paths of Glory* (Glória Feita de Sangue, 1958) ao entoar uma canção de amor para vencidos e vencedores: "Der Treue Husar" (um dos versos da canção beira o piegas: ama sua querida todos os dias do ano/ todo ano e ainda mais um pouco/ é amor que não tem fim).

A propósito, sobre sua fama de pessimista, a nossa consideração é a seguinte: Kubrick explorava temas nos quais transitam a penúria, a irracionalidade e a pequenez humana. No entanto isso é só uma moldura, porque no conjunto, a sua obra visa a mesma meta propagada pelo escritor russo Lev Tolstói: uma lei que estabeleça a ordem na Terra. O crítico Otto Maria Carpeaux, em *História da Literatura Ocidental*, teceu uma relação entre o ceticismo de Tolstói e a sua fé numa ordem universal que ordenasse paz e bem-estar. O diretor declarara-se admirador do autor de *Anna Karênina* no vídeo que enviara à Director's Guild of America (Associação dos Diretores da América), quando disse: "Quem teve o privilégio de fazer um filme tem consciência de que é como querer escrever *Guerra e Paz* no carrinho bate-bate de um parque de diversões, mas quando enfim a tarefa é concluída, poucas coisas na vida são comparáveis com o que sentimos então".

Consideramos que etiquetar Kubrick como pessimista é um equívoco. O diretor não levou o cinema ao extremo do desencanto e da negação. Acredito que para cineastas como Michael Haneke, Krzysztof Kieslowski, John Cassavetes, o próprio Bergman, Godard ou o Antonioni de certos filmes, quem sabe até para Andrei Tarkóvski, o termo seja apropriado, porque esses extraordinários artistas são praticantes de uma arte "pessimisticamente ontológica". Porém, o autêntico desiludido não faria *2001: A Space Odyssey* (2001: Uma Odisseia no Espaço, 1968) nem *Eyes Wide Shut* (De Olhos Bem Fechados, 1999) que é o relato de um sonho de amor entre mulheres e homens. Voltaremos a esse assunto ao longo do livro, porém, gostaríamos de adiantar que o monstro, apesar de retratar a desumanização das pessoas e o mundo em estado de penúria, revelou-se mais esperançoso do que certo cronista de Manhattan: "O homem continuará desumano. E não gozaremos de um mundo diferente do que ele é hoje, brutal e terrível", assim falou outro menino do Bronx, Allan Stewart Konigsberg, conhecido no mundo inteiro como Woody Allen.

Kubrick é mais o médico do que o doente. O cineasta exprime que apesar de situações ensandecidas e de personagens em declínio psicológico, deseja a cura de todos. Isso se configura em *De Olhos Bem Fechados*, que dizia ser o seu melhor filme. Nos últimos dias de vida, pulsava na pessoa de Kubrick uma energia de artista realizado, pois teve tempo de compreender os signos e transformou seus sentidos em filmes que abrem uma janela para que o homem liberte a sua luz: "Qualquer que seja a imensidão que nos cerca, temos de fazer a nossa própria luz", declarou, em uma de suas raras entrevistas. Visto como profissional polivalente e mestre da técnica cinematográfica, o diretor, o roteirista, o fotógrafo, o editor, o publicitário, o financista, o produtor Stanley Kubrick nos deixou uma obra de notável teor humanista. Municiado por sentimentos libertários, Kubrick não era só capaz de colocar a câmera no lugar certo, mas de equipá-la com o filme sensível de seu encorajamento de aspirar que as pessoas se pautassem pela grandeza d'alma.

Kubrick atingiu o clímax entre a alta e a baixa cultura – foi um cineasta que se empenhou em despertar o interesse do público em nível complexo, que aceitou o desafio de ser artista e o de precisar ser popular. Rever toda sua produção – disponível em DVD, *Blu-ray* e pelas ondas da internet – é prazer estético e choque cerebral. Em regra, Kubrick peregrinou por situações conflituosas e personagens fora de si nos gêneros drama, comédia, policial, *noir*, ficção científica, épico, guerra, terror e filme de época. Treze longas-metragens que traduzem verdades reveladas por um olhar ferino focado na "esquiva qualidade da perfeição". Seria pouco dizer que pratica um cinema de crítica social e não fazia um cinema de muito "psicologismo", apesar de refletir sobre questões de suma importância para o ser humano. Sua obra não é moralista, mas se importa com a ética. Seus filmes não são políticos, mas discutem a inserção do homem na sociedade.

Kubrick criou unidades dando-lhes contornos nítidos para contrapô-las umas às outras. A substância de seu cinema é intensificar tensões. Quando assistimos a maioria de seus filmes somos tomados pelo pânico. Há muita gente que ainda se recusa a ver *A Clockwork Orange* (Laranja Mecânica, 1971). Outros fogem de *The Shining* (O Iluminado, 1980), por causa do louco que destrói portas a machadadas prestes a matar mulher e filho.

Quanto a sua paixão pelo trabalho, é sabido que ele se rendeu à invenção dos irmãos Lumière. Entre os feitos que comprovam sua excentricidade notabilizou-se o fato de ele ter conferido uma a uma as setecentas cópias de *O Iluminado* dias antes do lançamento do filme em sua terra natal, que, à sua maneira, o monstro amou muito. No entanto, todo esse trabalho resultou em nada, porque o diretor mudou o final do filme. Foi uma correria maluca trocar as bobinas nos cinemas em que *O Iluminado* já havia entrado em cartaz.

Foi mal compreendido e demonizado. Há uma infinidade de teorias delirantes sobre a sua obra, uma tolice descomunal exatamente porque ele ignorou o nexo e a lógica comum. O enxadrista trabalhou a visualidade além dos limites críveis e isso assustou a mentalidade tacanha. Kubrick nunca foi vulgar, nunca se prestou a fazer o jogo da mídia fisiológica, diferenciando-se por evitar a interlocução com deslumbrados e fanáticos. Tampouco ficou fazendo o gênero do choramingão impotente, do coitadinho, "pobre de mim", "o culpado de tudo é esse mundo cruel..."

O monstro foi um fabricante de especulações existenciais e o feitor de um universo estético próprio. Ou seja, um praticante do cinema de autor, nos termos em que isso é concebido hoje em dia. Fosse brasileiro, diriam que Kubrick incluiu na engenharia de seus filmes, a "aventura da criação". Da nossa parte, se é para batizá-lo por algum nome, nos apetece falar que ele era "o lobo das elipses". Pois em nome da arte benfeita, todas as elipses são válidas. É só uma questão de experimentá-las.

Fundou uma linguagem e a colocou em prática treze vezes, sem se repetir, já que era um incansável caçador de novos horizontes narrativos. O monstro se destacou por sua forma diferenciada de entender o tempo e de desenvolver as unidades geradoras das tensões que lhes eram caras. Apesar de ter influenciado muita gente, o diretor não deixou herdeiros nem imitadores, possivelmente porque conhecia tudo sobre os recursos e as técnicas do *métier* cinematográfico. Foi um paciente carpinteiro das experimentações e foi também um original tradutor dos sentimentos humanos. Semelhante ao escritor brasileiro Machado de Assis, passou ao largo das ortodoxias e perseverou no erradio e na relativização. No entanto, ao contrário do autor de *Dom Casmurro*, não resistiu e caiu nas graças da esperança, principalmente com *2001: Uma Odisseia no Espaço*. Kubrick tratou de alargar os horizontes de sua viagem: optou por uma gama de impressões, queria que a sua obra fosse um registro das multiplicidades dos sentidos em seus vários níveis, desejou a heterogeneidade dos conteúdos, o som dos vários universos e o selvagem ritmo da renovação. Alongou a experiência por acreditar que a arte é um oráculo de muitas vozes e que o tempo é o instrumento cabal para amadurecê-la.

Talvez tenha sido o cineasta que mais desconectou os condicionamentos de seu imaginário para vagar pela plenitude da arte solta. Jamais foi um surrealista, porém sua arte em determinado ponto se apresenta em concordância com um dos primados do Manifesto Surrealista de André Breton: "Estar livre das verdades permanentes e renunciar sempre para criar sempre". Kubrick flertou com o surrealismo sem perder o senso da realidade. Faz sentido afirmar que ele é um realista, porém ficou longe da obsessão do realismo pelo realismo, mais adiante, veremos como o *fake* se fez presente em seu processo criativo. Sua filmografia tem uma dimensão pedagógica, na qual brilha um farol que nos indica o caminho do aprimoramento espiritual. Todo o tocado por ele virava um ser vivente capaz de nos impactar quando explorava o mal, o bem, a tragédia, a farsa, o medo, a violência, a vida, a morte. Treze vezes fez cinema e gerou um vendaval de polêmicas, permitindo-nos afirmar: Kubrick é ainda um artista desconhecido[3].

---

3   Só mais recentemente a ensaística vem descontruindo balela que se formou em torno do Kubrick pessimista. Reproduzimos aqui um dos textos do crítico francês Michel Ciment, cujo livro, *Kubrick*, foi considerado pela crítica a enciclopédia sobre a vida e a obra do vendedor de balões: "É talvez assim que Kubrick, esse romântico desiludido, que por sua vez se tornou 'desilusionista', rejeitando subterfúgios e mentiras, considerando a vida como tragédia ou farsa grotesca, e frequentemente por isso mesmo acusado de niilismo, seja um grande liberador". (Ed. bras.: *Conversas Com Kubrick*, trad. Eloisa Araújo Ribeiro, ▶

O vendedor de balões especializou-se em criar elipses surpreendentes, conseguindo burlar o convencional e o previsível. Veremos como isso se concretiza em sua obra, deixando de fora os trabalhos inacabados: *Napoleão*, *Aryan Papers* (Papéis Arianos) e *A.I.: Artificial Intelligence* (I.A.: Inteligência Artificial).

Quanto ao resto, se ele era um neurótico em busca da perfeição, se era um pão-duro, se não bebia nem se drogava, se não se importava com as aparências ("vendedor de balões" foi o apelido dado por Christiane Kubrick pela maneira *casual* de seu marido se vestir), se era tirânico ou recluso, se rejeitava sua origem judaica, francamente, essas especulações não nos interessam. Não tivemos o prazer de conhecê-lo e em torno de uma pessoa célebre já falecida o folclore que se forma é incontrolável. Quem nos poderá garantir se era verdade tudo o que Kirk Douglas fofocou nos bastidores dos estúdios de Hollywood sobre aquele "jovem talento que diz tanta merda"? Das várias informações biográficas, a que mais valorizamos diz respeito à intelectual que ele tinha em casa, a mami Gert, uma leitora de mão cheia.

Decerto trata-se de um pensador, que optou por filosofar de uma maneira simples exatamente para ser entendido por mais pessoas. Assistir a um filme de Kubrick é respirar o oxigênio do fascínio visual, porém também é uma forma de fortalecer a crença de que o cinema reinventa o mundo e o ser humano. O que nos queria dizer esse notável

▷ São Paulo: Cosac Naify, 2013, p. 108-109.) A própria vida pessoal do cineasta é um repertório desse seu lado desconhecido, sua faceta sentimental, seu coração derretido. Na qualidade de amigo, o vendedor de balões está cheio de histórias reveladoras. Tem aquela do Emilio D'Alessandro que o serviu por mais de trinta anos. Em 1994, ao se aposentar, a família Kubrick lhe ofereceu uma festa de despedida em Childwickbury. O monstro chorava abraçado a seu motorista que voltava para a Itália onde iria desenvolver uma atividade agrícola em Cassino, perto de Roma. "Emilio, instale um telefone no trator para que eu possa chamá-lo", pedia-lhe o ex-patrão. Nos três últimos filmes dirigidos por Kubrick, o nome de Emilio D'Alessandro aparece nos letreiros como assistente de produção.

fazedor de obras-primas?[4] Todo grande artista escolhe o seu desafio. O de Kubrick era mover a peça de um jeito diferente e na medida do possível juntar isso a uma coisa nova. Praticamente tudo já havia sido feito e havia sido dito, o que motivou o gigante a se atirar com tudo na procura de uma reviravolta, ou de uma morbidez, uma paixão incontrolável, uma desmistificação perturbadora, uma risada espalhafatosa ou de qualquer outra curtição que te pegasse de jeito, que te chacoalhasse na cadeira a agitar as fendas mais fundas do teu âmago.

Kubrick foi pródigo em produzir surpresas e em facilitar a compreensão de sua complexidade. Em *Lolita* (1962), só para citar um caso, não hesitou em cometer a mais bela traição de um livro célebre. O cineasta seguiu pelas veredas do realismo poético, mas acrescentou a isso sua massacrante sinceridade e sua visão de artista comprometido em explicar a loucura. Fiel a seu princípio de não buscar o efeito transformador pela consciência, priorizou a emoção. E nisso sua arma era potente, avassaladora. Sua pólvora era o cinema.

Para encerrar, dois últimos esclarecimentos. Primeiro: nunca é desejável contar o fim do filme ou do livro. Mas considerando que a filmografia de Kubrick goza de largo conhecimento, em determinados casos, revelamos o desfecho da história. Segundo: sugerimos que o leitor dê preferência à leitura dos capítulos na ordem em que se encontram, evitando lê-los aleatoriamente.

---

4 A cada dez anos, a revista inglesa *Sight & Sound* publica a lista dos dez melhores filmes de todos os tempos. Na última rodada, foram ouvidos 358 diretores de vários países do mundo. O primeiro da lista foi *Viagem a Tóquio* do diretor japonês Yasujiro Ozu e o segundo foi *2001: Uma Odisseia no Espaço* de Stanley Kubrick. O American Film Institute (AFI), por sua vez, incluiu na lista dos cem melhores filmes, três títulos de Kubrick. Já o *Internet Movie Database*, incluiu nove obras de Kubrick na lista dos 250 melhores filmes da História.

2

ELE ESTIROU, MAS NÃO ESTIROU; COMO É QUE É MESMO?

2
ELE ESTREOU, MAS NÃO ESTREOU: COMO É QUE É MESMO?

Fear *And Desire* (Medo e Desejo, 1953), seu primeiro filme, foi um fracasso de público e de crítica. Isso causou uma reação inesperada por parte do diretor que disparou contra si próprio uma rajada de insultos. "Um exemplo fílmico desconjuntado e amador. Uma esquisitice total, chata e pretensiosa."

E quase nada mais falou, porque decidira deixar o tempo correr. Sua estratégia funcionou: após se consagrar como o gigante da nova geração de cineastas, a estreia renegada pelo autor passou a fazer parte da programação do Canal *Turner Classic Movies*, tevê aberta. Sem falar que durante meses a fio, *Medo e Desejo* esteve em exibição nos cineclubes de Los Angeles com lotação esgotada. A grande curiosidade que se criou em torno do filme obrigou o diretor a se mexer. Em 1991, Kubrick enviou uma cópia para o Festival de Telluride (Colorado). *Medo e Desejo* suscitou muitas discussões. Com isso, a pressão para liberá-lo tornou-se irreversível. Depois de bombar na internet, o filme foi "pirateado" e se espalhou pelo mundo, aliás, em cópia de péssima qualidade. A novela só se encerrou em 2012, data do lançamento da "esquisitice total, chata e pretensiosa" em DVD e em *Blu-ray*, numa edição primorosa da Kino Video.

Logo adquirimos o disco, hoje facilmente encontrável em lojas de departamentos e tratamos de promover uma sessão caseira para trocar ideias com amigos e apreciadores do diretor. Terminada a exibição, um silêncio cauteloso ecoou pela sala. Fomos para a segunda sessão e aí sim, alguns pontos clarearam a nossa opinião. *Medo e Desejo* é confuso, há espantosos problemas de narrativa, mas a semente fora jogada na terra. Por trás das câmeras, o diretor soube dar às suas imagens um toque pessoal. As cenas na floresta transmitem um vigoroso clima de pânico e de agonia. Acresça-se a isso o fato de o precoce estreante nos ter apresentado um retrato inédito da guerra. Nada de patriotismos demagógicos, nada de heróis salvadores. Pelo contrário, uma das personagens do filme surta, alternando estados de loucura e de lucidez, a ponto de estuprar a camponesa e matá-la covardemente. A guerra kubrickiana se diferenciava daquilo que o público estava habituado a assistir. Mas o diretor deu azar. Preponderou a reação negativa da primeira impressão. A mídia de maneira geral deu muita importância à nulidade do elenco, ao primarismo da narrativa, ao hermetismo da trama e se esqueceu das questões que a obra aborda, de maneira descosida, mas aborda. Outro problema foi que faltou dinheiro para investir numa finalização mais profissional, o som falha, a mixagem sai do tom. Quando você compara *Medo e Desejo* com os demais títulos produzidos em 1953 é possível notar que por trás daquele visual diferente havia um cineasta disposto a fugir das velhas chaves dramáticas e dos senis formatos de sempre: ele dura sessenta minutos, nem longa nem curta-metragem.

Hoje podemos dizer com tranquilidade que os críticos se equivocaram quando reclamaram que na estreia do menino do Bronx sentiram falta do Kubrick dos *portraits* e dos *clics* do cotidiano publicados na revista *Look*. O problema não era esse. O problema é que o filme incorreu no erro de achar que seus simbolismos faziam sentido e que o público ia entender seus significados. Desde o começo, as personagens de Kubrick primam por "maquinações ocultas". A intenção do diretor era fazer um cinema de tensão apropriando-se do drama em que contracenavam personagens brutais movidas por paixões destruidoras e divididas entre defender a pátria e se libertar de seus conflitos morais. Isso, contudo, não funcionou e a bem da verdade *Medo e Desejo* ficou com a cara de uma trolha sem pé nem cabeça. Por essa razão, o diretor priorizou a objetividade no seu segundo longa. Nada de correr riscos, nada de representações simbólicas, abstrações complicadas. Portanto, estava de bom tamanho a história do boxeador Davey, da dançarina Gloria e do mafioso Rapallo com direito a um crime de morte, passeios pelas ruas de Nova York a bordo de um conversível de luxo e aos seios encantadores da moça que não usava sutiã…

Kubrick rodara *Medo e Desejo* com a câmera Mitchell BNC: "O problema com a Mitchell é que ela não é uma câmera reflex e é preciso ver pelo visor ao lado dela, o que torna mais difícil conseguir uma composição exata". Manipulamos esse equipamento na exposição *Stanley Kubrick* em novembro de 2013 no Museu da Imagem e do Som (MIS), em São Paulo. Essa exposição levou 55 mil pessoas que queriam conhecer os argumentos originais e corrigidos, os esquemas de trabalho, as maquetes dos cenários, notas pessoais, roupas e acessórios, desenhos e *storyboards*, fotos de filmagens, correspondência entre colaboradores, entrevistas, pôsteres originais, recortes de matérias publicados na imprensa, objetos de cena, máscaras, as figuras *pop art* do Korova Milkbar de *Laranja Mecânica*, os catres do alojamento dos soldados de *Full Metal Jacket* (Nascido Para Matar, 1987), os "gorilas" e uma réplica da nave espacial de *2001*, o machado de *O Iluminado*, as câmeras Arriflex e a citada Mitchell BNC, quadros e esculturas, croqui do salão de guerra de *Dr. Strangelove, or: How I Learned to Stop Worrying And Love the Bomb* (Dr. Fantástico, 1963), vasto painel de fotos dos atores e das atrizes e monitores o tempo todo transmitindo documentários, depoimentos, entrevistas e filmes do diretor.

"As ideias eram boas, mas nós não sabíamos como dar vida a elas", foi assim que o enxadrista resumiu suas primeiras experiências cinematográficas. Em *Medo e Desejo*, ele tropeçou no excesso de autoconfiança. Acreditou que todo mundo ia entender a falta de lógica e que não seria problema a ausência de uma amarração para explicar as imagens desconexas. Alguns chegaram a escrever que Kubrick preparara uma salada mista. Outros sequer se alongaram em maiores considerações, pois foram logo sacramentando que o filme era obra de "garotos pretensiosos". Decerto, hoje, seu primeiro longa-metragem provocaria outro tipo de reação. Não estamos dizendo que o público desculparia a "canastrice" dos atores, a tortuosidade do ritmo, porém a natureza estranha da obra não incomodaria tanto como na década de 1950[1]. Pois, apesar de todos os problemas, há no filme sinais óbvios da identidade kubrickiana: o "olho do fotógrafo

---

1 Paul Mazursky fez bem em largar sua carreira de ator, ele no papel do soldado Sidney que enlouquece está sofrível. Mazursky tornou-se diretor. Um de seus filmes de maior sucesso foi *Bob & Carol & Ted & Alice* (1969). Nos créditos de *Medo e Desejo* aparece o nome de Toba Metz, colega de Kubrick na Taft High School e primeira esposa do diretor. Na versão em DVD, consta o nome de Howard O. Sackler, identificado como autor do texto e não como roteirista.

narrador" e o homem prisioneiro "das suas falhas, da sua violência e das suas paixões obsessivas". O filme dramatiza a experiência de quatro personagens interagindo na floresta, onde acontecia uma guerra de mentira da qual fazia parte a maluquice dos inimigos mortos terem o mesmo rosto de seus assassinos. Portanto, no remoto ano de 1953, o diretor estreante no meio de uma narrativa realista joga, de repente, um remendo surrealista: as personagens prestes a morrer realizam suas mortes nos rostos dos inimigos. Um contundente símbolo para a guerra por exprimir desespero e delírio.

Medo e Desejo abriga uma turbulência psicológica inexplicável, como a própria guerra. Suas quatro personagens principais são militares, dois estão armados e dois portam apenas facas e punhais. Sobreviveram a um desastre de avião, estão perdidos numa ilha ocupada por "militares inimigos", confeccionam uma balsa e eliminam oficiais que não sabemos se são alemães ou até mesmo ianques, quer dizer, é tudo muito confuso. *Medo e Desejo* não identifica o local da guerra nem quem são os países em litígio. Como se não bastasse, subitamente, o filme termina. As personagens conseguem fugir, dois no teco-teco roubado e dois na balsa, um deles ferido. O pequeno avião decola, a balsa desce o rio e a câmera faz uma panorâmica em torno da floresta com um texto "filosófico" lido por David Allen em *off*. Sugerimos que você experimente ver o filme sem som. Em nossa opinião, *Medo e Desejo* melhora sem os diálogos e sem a literatice do roteirista Howard Sackler.

Cabe aqui um comentário paralelo. Em 1953, Kubrick também rodara *The Seafarers* (Os Marinheiros), um filme institucional para o Sindicato dos Marinheiros. Ele próprio quase nunca se refere a esse trabalho, talvez pelo fato de ser um filme encomendado, um comercial, digamos assim. Contudo, *The Seafarers* possui qualidades inquestionáveis. A começar pelo grão da fotografia, um colorido escuro, contrastado, de vigoroso efeito dramático. Há planos extremamente criativos, realizados com mestria. Na tomada inicial, a câmera segue do alto de um prédio o movimento das ruas e, ao fundo, o porto, o mar, os navios e os barcos ancorados contra um céu azul. Sem falar, em preciosidades como a cena da reunião sindical, dos líderes da categoria usando da palavra no interior do auditório. Nessa cena, o cineasta ensaia o estilo que no futuro emocionaria o mundo ao filmar a cantora alemã se apresentando para os soldados franceses nos derradeiros minutos de *Glória Feita de Sangue*. O apuro na escolha do elenco, tipos expressivos, sentimentos carregados, panorâmicas da plateia, fechando no palco onde o sindicalista insuflava os trabalhadores. Ou seja, a "mecânica emocional" da famosa última cena de *Glória Feita de Sangue* é filha legítima dessa sequência rodada pelo "marinheiro de primeira viagem".

Resumindo: Kubrick foi rigoroso demais na frase que cunhou para explicar suas primeiras aventuras cinematográficas. Apesar de todos os problemas, *Medo e Desejo* já permitia vislumbrar que aquele estreante ia se tornar um dos grandes cineastas do século xx, porque em vez de ir pelos caminhos já pisados, ele colava o olho na câmera a fim de filmar uma obra desafiadora para a análise[2].

2   Livre na criação do filme, mas "quadradinho" na propaganda. Podemos resumir assim a qualidade dos pôsteres de *Medo e Desejo*. Eles são o retrato fiel da direção de arte primitiva que a indústria cinematográfica fazia na época. O pôster principal mostrava a linda atriz Virginia Leith em trajes íntimos e em volta de sua figura, uma miscelânea de fotos e de manchetes. Uma delas, em letras garrafais, dizia *Trapped…A Desesperate Man and a Strange Half-Animal Girl!* (Preso…Um Homem Desesperado e Uma Estranha Garota Metade-Animal!). Em um bloco à parte, o subtítulo: *A Story of* SIN, SEX AND PASSION! *The Male Brut* (Uma História DE PECADO, SEXO E PAIXÃO! O Macho Bruto). Mal resolvido, no centro do pôster, eles puseram o logotipo do filme separado em dois, de um lado *Fear and*, de outro *Desire*… Na tarja preta, foi inserido o elogio do crítico Walter Winchell. O esforçado diagramador ainda encontrou espaço para enfiar a manchete: "*Life Magazine* Calls Her 'A Big Find'" (A *Life Magazine* a Chamou de "Grande Achado"). Noutro pôster, a aula de como não fazer um cartaz prossegue. Em primeiro plano, a foto de Paul Mazursky tampando a boca de Virginia Leith, em segundo plano, o nome do diretor e o título da obra. Menos poluído do que o outro, esse cartaz era todo sem graça, foto, títulos, nada respirava. O que houve? O menino Kubrick vacilou. Ele estava nos Estados Unidos, em plena Nova York e é claro que já tinha ouvido falar em Bill Bernbach, no estúdio Push Pin, nos diretores de arte Helmut Krone e Milton Glaser. Por certo, lera o Manifesto 1949 onde o redator Bill Bernbach pregava que a publicidade devia ser bonita, bem escrita, bem-humorada e inteligente. Kubrick podia ter resolvido o assunto ali mesmo, bastava ter atravessado a rua e já estaria na Madison Avenue onde a publicidade moderna borbulhava nos tubos de ensaios de seus laboratórios. Vamos ficar só num exemplo: "Venha para o Mundo de Marlboro", uma das mais premiadas campanhas de todos os tempos, veio à luz nos escritórios da Leo Burnett, um prédio de arrojada arquitetura na última esquina da Madison. No calendário de mesa alguém da agência fizera uma circunferência em volta dos números 1953.

MADE IN USA, COM MUITO ORGULHO

3
MADE IN USA, COM MUITO ORGULHO

Não existe um único filme de Kubrick que não seja um momento do que Kubrick está se tornando.

OLIVIER-RENÉ VEILLON[1]

Eu não queria ser triturado pela máquina chamada Hollywood. Queria era entender porque o mundo terminaria em barbárie.

EDGAR G. ULMER[2]

Kubrick viu tudo que era cinema americano. Nenhum país do mundo construiu um patrimônio cinematográfico do nível do estadunidense. Um museu sonoro inigualável com o qual o monstro manteve um diálogo proveitoso. Quando adolescente acompanhou os diretores na ativa, filme por filme. Muita gente boa atrás das câmeras, gente que atendia pelo nome de John Ford, Orson Welles, Billy Wilder, Fritz Lang, Alfred Hitchcock, Charlie Chaplin, Howard Hawks, Nicholas Ray, Elia Kazan, Robert Aldrich, David Lean, George Stevens, John Huston, Jules Dassin, William Wyler, Robert Wise, King Vidor, Fred Zinnemann, Joseph Losey, Anthony Mann, George Cukor, John Sturges, Vicente Minnelli, Samuel Fuller, Richard Brooks, Otto Preminger, Michael Curtiz, Stanley Donen, Joseph H. Lewis, Delmer Daves, Joseph L. Mankiewicz, Raoul Wash, Preston Sturges, Sidney Lumet, Douglas Sirk, William A. Wellman, Don Siegel, Josef von Sternberg, Joshua Logan, Edward Dmytryk, Howard Hughes, Charles Laughton, Budd Boetticher, Mervyn LeRoy, Frank Tashlin, Jerry Lewis, Walt Disney, Ub Iwerks, Lewis Milestone, Richard Fleischer, Delbert Mann, Blake Edwards, Roger Corman, Rouben Mamoulian, Stanley Kramer, Robert Siodmak, Leo McCarey, László Benedek, Curtis Benhardt,

---

1 *O Cinema Americano dos Anos Cinquenta*, trad. Marina Appenzeller, São Paulo: Martins Fontes, 1993, p. 75.
2 Apud O.-R. Veillon, op. cit., p. 83.

Henry King, Lewis Allen, Gordon Douglas, Richard Quine, James Whale (diretor do clássico *Frankenstein*, 1931), o trio Ray Ashley, Morris Engel e Ruth Orkin da joia cinematográfica *Little Fugitive* (O Pequeno Fugitivo, 1953) e os "malditos" Herbert Biberman, Kenneth Anger e Robert Rossen. À parte de qualquer categoria, o nome a ser lembrado é Edgar G. Ulmer, a quem a fortuna crítica atribui a fama de um olhar herético. Ficamos interessados nesse parceiro de Billy Wilder, Fred Zinnemann, Friedrich Wilhelm Murnau, Robert Siodmak, que fez o cinema de um intelectual que pôs a mão na massa, dirigindo tudo que era filme de produção barata, muita coisa para treinamento de funcionários de grandes empresas. Estima-se que a soma total ande por volta de 128 títulos. A maioria lixo, mas pelos menos quatro filmes mereceram críticas extasiadas: *Detour* (Curva do Destino, 1945), *Black Cat* (O Gato Preto, 1934), *The Strange Woman* (Flor do Mal, 1946) e *The Naked Dawn* (Madrugada da Traição, 1955). Essas obras elegantes e estranhas, ele dirigiu quando encontrou independência criativa. O último título foi elogiadíssimo por François Truffaut. Na França, Ulmer é nome consagrado: Godard dedicou um de seus filmes a ele. Guarde o nome: Edgar G. Ulmer, nascido na Morávia, antigo Império Austro-Húngaro, em 1904 e falecido em Los Angeles em 1972. Foi autor de filmes em ídiche: *Green Fields* (Campos Verdes, 1937), *The Singing Blacksmith* (O Ferreiro Cantador, 1938), *The Light Ahead* (A Luz Adiante, 1939) e *American Matchmaker* (Casamenteira Americana, 1940). Outro nome fundamental é o de William K. Howard que dirigiu *The Power and the Glory* (Glória e Poder, 1933) com roteiro de Preston Sturges e que teria influenciado Orson Welles por causa de seus múltiplos *flashbacks*.

A segunda classe abrigava um time respeitável: John Farrow, Jacques Tourneur, Henry Hathaway, Delbert Mann, George Seaton, George Sidney, Sam Wood, Charles Vidor, Martin Ritt, Mark Robson, Norman Taurog, William Keighley, Daniel Mann, Robert Montgomery, Ernest B. Schoedsack, Philip Dunne, Basil Dearden, Anatole Litvak, Abraham Polonsky, Rudolph Maté, Albert Lewin, Jack Arnold, Andre DeToth, George Sherman, Clarence Brown, Tay Garnett. E outros tantos nomes: Robert D. Webb, Frank Borzage, Jesse Hibbs, Joseph Pevney, Charles Walters, Henry Koster, Jean Negulesco, Phil Karlson, Walt Lang, Irving Rapper, George Marshall, Hugo

Fregonese, Michael Gordon (outro diretor severamente perseguido pelo macarthismo), Melville Shavelson, Sidney Salkow, H. Bruce Humberstone, Hugo Haas, Jules White, Joseph M. Newman, Don Weis, Ed Wood, Lesley Selander, Mitchell Leisen, Edward Ludwig, William Dieterle, William Castle, Charles Lederer, Ray Roland, Ida Lupino, Stuart Heisler, Richard Thorpe, H.C. Potter, Robert Parrish, Andrew Marton, George Pal, Byron Haskin, Ted Tetzlaff, Frank Tuttle, Arnold Laven, John Cromwell, Melvin Frank, Andrew L. Stone, Albert S. Rogell, Kenneth Anger (que influenciou Martin Scorsese e David Lynch), Arch Oboler, Harold D. Schuster, Jerry Hopper, Allan Dwan (ele dirigiu 386 filmes). Podia-se dizer que quem nascia nos Estados Unidos já nascia diplomado em cinema. Em vida, Kubrick ganhou um prêmio que teve um significado especial para ele, o prêmio D.W. Griffith. Sem poder participar da cerimônia de premiação, o director escreveu um discurso que chamou de "D.W. Griffith and His Wigs of Fortune". É comovente presenciar a admiração do menino do Bronx pelo magnífico Griffith: "D.W. Griffith nos deixou com um legado inspirador e intrigante, e o prêmio em seu nome é uma das grandes honras que um diretor de cinema pode receber."

Quando se fala no patrimônio do cinema norte-americano é obrigatório falar de Cecil B. DeMille, diretor que conquistou a confiança das grandes produtoras por sua extrema competência e talento excepcional demonstrado no clássico *The Cheat* (Enganar e Perdoar, 1915), filme considerado pela crítica como a certidão de nascimento dos efeitos de iluminação psicológica". Mais adiante, em 1947, Edward Dmytryk realiza *Crossfire* (Rancor), filme ambientado à noite com tema inédito, o antissemitismo, um primor de clima e atmosfera. O armênio Rouben Mamoulian realiza *Becky Sharp* (Vaidade e Beleza, 1935), seduzindo multidões pela maneira como foi adequando a paleta das cores em função dos sentimentos das personagens, cena por cena.

Não podemos deixar de fora os dois visionários da comédia que tanto Kubrick amava. Estamos nos referindo aos impagáveis W.C. Fields (roteirista e ator) e ao diretor Edward F. Cline. No Brasil, em vários redutos boêmios é comum se encontrar emoldurada uma das máximas de Fields: "Comecei a beber por causa de uma mulher... e nem tive tempo de agradecê-la".

O belo patrimônio que o cinema estadunidense ia formando ganhou mais prestígio graças a Erich von Stroheim, Ernst Lubitsch e Friedrich Wilhelm Murnau. Três nomes de primeira grandeza, três pioneiros da linguagem cinematográfica. O primeiro no drama, o segundo nos gêneros comédia-romântica e musical e o terceiro aclamado pelo brilho de seu cinema mudo, de seus filmes expressionistas na Alemanha e por duas obras-primas que rodou nos Estados Unidos: *Sunrise: A Song of Two Humans* (Aurora, 1927) e *Tabu, a Story of the South Seas* (Tabu, 1931), "o mais belo dos filmes", segundo o crítico português João Bénard da Costa. Na mesma época, Stroheim dirigiu *Greed* (Ouro e Maldição, 1924) enquanto Lubitsch se consagrava de vez com *Trouble in Paradise* (Ladrão de Alcova, 1932) encantando olhos e corações com aquilo que ficou conhecido como "o toque Lubitsch". Por muitos anos, tanto *Ouro e Maldição* quanto *Trouble in Paradise* ocuparam os primeiros lugares nas famosas relações dos dez melhores filmes de todos os tempos.

Kubrick cresceu ao preservar o diálogo com a arte de seu país. Por sua vez, Orson Welles fez o mesmo e nunca escondeu sua imensa admiração por John Ford. Kubrick dizia: "Inovar é ir em frente sem abandonar o nosso passado".[3] De sua terra, sua influência mais forte foi a luz do farol nascido em 1915, em Kenosha, Wisconsin. Com esse tal de Orson Welles, o menino de Nova York aprendeu a fabricar o plano-sequência sem desfocar o fundo e como colocar a cereja no bolo, explorando a alucinação e a mística do olhar penetrante.

Apesar de preferir temas controversos, seus filmes se converteram em sucesso de público. *Laranja Mecânica* é a segunda maior bilheteria de toda a história da *Warner Bros*, a primeira é *My Fair Lady* (Minha Bela Dama, 1964) dirigido por George Cukor. Há cineastas que despontam na cinematografia por introduzir uma fonte da qual muitos outros colegas beberão seu elixir. Porém, esse não é o seu caso, pois não tinha um credo, uma fidelidade a princípios estéticos e se há aspectos recorrentes em sua filmografia são a qualidade da imagem e da narrativa, o elemento surpresa de seus enredos e a sua maneira de trabalhar, a equipe pequena, composta por profissionais muito acima

---

[3] Segunda Entrevista – 1976, em M. Ciment, *Conversas Com Kubrick*, p. 141.

da média. Certamente, a peça principal do seu tabuleiro profissional foi a independência. Depois de *Spartacus* (1960), priorizou o voo solo do qual fazia parte o esquema de produção que montou na Inglaterra.

Kubrick supervisionou a montagem de todos os seus filmes, foi adepto da edição "invisível", nada de manejos mirabolantes já que escolhera amaciar a linguagem para que cada filme deslanchasse em rito próprio. Sem o corte final sua câmera não saía para trabalhar em busca dos clarões poéticos, do pão para o espírito, da paz-miragem e da indispensável presença da emoção.

1955 foi um ano especial. Apesar de apenas um fruto dessa safra figurar nas badaladas listas dos cem melhores filmes estadunidenses de todos os tempos, refiro-me evidentemente a *Rebel Without Cause* (Juventude Transviada) de Nicholas Ray, muita coisa importante aconteceu por aqueles dias. Vamos falar logo do flagrante que é um clarão da humanidade: a imagem de Marilyn Monroe surpreendida pela brisa do metrô que levanta sua saia obrigando a loira a controlar o que era para se ver e o que ela não queria mostrar. Portanto, na saída de ventilação do metrô de Nova York, nascera o mais original pôster da emancipação feminina. A saia rendada do imaculado vestido branco, a timidez e ao mesmo tempo a "soltura" dos risinhos maliciosos da judia convertida Norma Jeane Morteson[4]. Uma imagem que vale por mil palavras – juramos jamais escrever isso, mas viva os chavões! Alguns se encaixam como uma luva... E tem mais, muito mais. Foi o ano da estreia do rock no cinema na voz de Bill Haley & His Comets estraçalhando o "Rock Around the Clock" enquanto a moçada saía vandalizando até as nuvens. No Rio de Janeiro, a vítima foi o Plaza e, em Salvador, daquele cinema localizado no centro da cidade não sobrou cadeira sobre cadeira. Na plateia, foi visto um espectador bastante ativo, era o Capitão América, metamorforseado por Raul Seixas. O rock é a trilha sonora da beatificação do cinema como arte popular e industrial. Somente nesse ano, Bill Haley, o homem do pega-rapaz na testa, vendeu 25 milhões de cópias e no Brasil, a cantora Nora Ney quebrou a banca, gravando a versão brasileira da canção num disco de 78 rotações, hoje facilmente acessada

---

[4] Por vontade própria, Marilyn Monroe converteu-se ao judaísmo quando se casou com o dramaturgo Arthur Miller, em 1956.

no site do Youtube. *Blackboard Jungle* (Sementes da Violência) foi explosivo não somente porque lançou o rock, mas pela maneira corajosa de explorar um assunto que o cinema de sua terra ficava cheio de dedos ao tratar. Referimos aqui à classe média que lotava as salas de exibição, mas que odiaria ver-se na pele daqueles pais tão ausentes e consumistas. O diretor Richard Brooks nos mostrou como a violência desestrutura nossas vidas. Mais tarde, Kubrick visitou essa praia em *Laranja Mecânica*. As façanhas do *bad boy* Alex DeLarge (Malcolm McDowell) não tinham nada a ver com rock. Kubrick surpreendeu ao embalar os pesadelos e as visões da nova geração ao som de Ludwig van Beethoven, o compositor alemão que atingiu a totalidade falando de dor, alegria, sofrimento e beleza.

O mundo prosperava na década de 1950, mas, alto lá, no meio do caminho havia uma pedra. Não foi mera coincidência o título do segundo longa-metragem do vendedor de balões juntar uma coisa boa, o beijo, com outra ruim, a morte.

Para muitos, *Killer's Kiss* (A Morte Passou Por Perto, 1955) ficou sendo o primeiro filme de Kubrick, após o diretor ter dado um sumiço nas cópias de *Medo e Desejo*. *A Morte Passou Por Perto* é um *noir* de natureza romântica com pinceladas do drama social, narrado na primeira pessoa. O enredo gira em torno do triângulo amoroso constituído por Davey Gordon, lutador de boxe, Gloria Price, dançarina de cabaré e Vicent Rapallo, dono de casas noturnas, um *black* branco. À sua maneira, é um filme nostálgico por ser uma antevisão de que mesmo com o progresso em marcha, as pessoas sentiam que estavam perdendo alguma coisa.

Apesar de considerar "que se tratava de uma história tonta" e que o importante foi adquirir experiência, seu "filme de estreia" teve boa acolhida por parte da crítica[5]. *A Morte Passou Por Perto* entrou em cartaz no mesmo ano em que foi produzido e não faltaram elogios para a luta no depósito dos manequins, para a perseguição nos telhados dos prédios do East Side da Downtown Manhattan, para as cenas de ruas filmadas em linguagem televisiva, para os enquadramentos

---

[5] Em entrevista concedida ao roteirista Terry Southern nos escritórios da Harris-Kubrick e publicada pela revista *Esquire*, em 1962, e reproduzida em Alison Castle (ed.), *The Stanley Kubrick Archives*, Kolonie: Taschen, 2004.

insólitos e também para a concepção cenográfica: era como se o apartamento de Davey "conversasse" com o apartamento de Gloria. A crítica comentara positivamente a voz *off*, o estilo jornalístico, o *flashback* dentro do *flashback*. O diretor que estreou duas vezes documentara *signs*, automóveis, lojas, os quarteirões da Broadway, a bela Pennsylvania Station do polêmico arquiteto Stanford White (demolida em 1963), os táxis, os bares, os anúncios luminosos, as ruas mudas e o cotidiano da população. A sua Nova York dos anos 1950 traduz-se em mistério, efervescência, perigo, mas havia um bom astral entre as pessoas como na inesquecível cena do metrô. O filho de dona Gert acertara na maneira de filmar a metrópole que ecoava *jazz* por suas esquinas vindo diretamente de "dentro" de Charlie Parker, Chet Baker, Miles Davis cantado por Billie Holiday, a "Lady Day", ou por Sarah Vaughan, "The Divine One" ou ainda por Ella Fitzgerald, "The First Lady of Song". Também chamou atenção o minimalismo da trilha, o solo seco da percussão entremeando a melodia. Foi o filme vencedor na categoria Melhor Direção no Festival de Locarno, Itália.

Kubrick dirigiu, decupou, iluminou, fotografou, sonorizou e editou pagando o preço final de 75 mil dólares e não 40 mil, como consta em uma de suas biografias[6]. O diretor precisou injetar mais dinheiro para custear a dublagem, mesmo assim o som apresenta problemas na sincronia dos diálogos e dos efeitos sonoros. O roteiro foi um trabalho a quatro mãos, reunindo Kubrick e Howard Sackler.

A Morte Passou Por Perto se tornou referência quando se fala de filmes que contribuíram para a formação da concepção visual do boxe no cinema. Kubrick mostrou a beleza selvagem do pugilato: silhuetas destruidoras, socos quebra-molas, gotas de suor se arrebentando no ar, Gordon *versus* Rodriguez, ríspidas imagens, torcedores alucinados em *voice over*, a câmera passeia em torno do ginásio sem público. O recorte da angulação, os relâmpagos e os chicotes visuais, a pulsação febril, a Arriflex na mão antecipando o estilo *hipster* adotado hoje em dia pelos Rocks Balboas da vida. Ora, ora, se isso não era um diamante incrustado na história da sétima arte. Feito equiparado ao

---

6 John Baxter, *Stanley Kubrick: A Biography*, London: Harper Collins, 1997.

vigor de Robert Wise em *The Set-Up* (Punhos de Campeão, 1949), o clássico dos clássicos.

A Morte Passou Por Perto nos dá a impressão de que a luz não atravessa as janelas. Bate uma claustrofobia de cortinas fechadas, talvez para combinar com o *noir* das personagens em seu amarrotado dia a dia. Os peixes de Davey Gordon (Jamie Smith) são saudáveis, mas parecem asfixiados pela água do aquário. A amargura do boxeador é sincera e piora quando ele se lembra da reação da torcida: "Vá embora, Gordon. Você está acabado". Natural, o atleta querer voar para os braços da vizinha, Gloria Price, interpretada por Irene Kane, a dançarina do Pleasureland Dancing da Rua 49. Natural, Davey querer escapar do combate em que ele não levou fé.

O boxeador se transformara num ponto escuro após perder a luta valendo o cinturão dos pesos-médios. Gloria tem o espanto no rosto, a dor pela perda do pai e da irmã. Decidem deixar Manhattan. Cabe lembrar que os filmes da época mostravam o contrário: as pessoas se sacrificavam para ficar na metrópole, faturar algum dinheiro, criar raízes. Alguns espíritos de porco declaravam que Nova York era a cada dia um desafio e ao mesmo tempo, um passo acelerado em direção a uma úlcera.

Em expansão econômica, o país vivia o sonho de um futuro próspero. O clima de afirmação dos valores mais caros aos estadunidenses permeava a exaltação patriótica do republicanismo no poder. Uma publicidade de intensa repercussão foi a campanha para a reeleição do general Dwight Eisenhower à presidência do país sob o tema "I Like Ike". A trilha sonora do lançamento dessa campanha deu-se ao luxo de ter sido criada pelo letrista e compositor Irving Berlin. É dessa época a lei antitruste sancionada pelo governo que proibia as grandes produtoras de continuarem a exercer o monopólio da distribuição e das salas de exibição. Bem como a cristalização da televisão como o mais revolucionário veículo de comunicação de massas. Fenômeno que durou mais de meio século até chegar a internet e trocar a água da piscina. A Guerra Fria também mostrava as suas caras, o macarthismo consolidou-se como um dos braços de uma espécie de Gestapo do espírito.

Naquela época, a indústria cinematográfica estava a todo vapor. O país conseguia atrair multidões para o cinema porque o ingresso era muito barato. No começo dos anos 1950, nas oito salas entre a Times

Square e a Oitava Avenida, um filme de terror custaria, por exemplo no Lyric, 40 centavos, porém no Selwyn sairia ainda mais em conta, apenas 30 centavos. O público via de tudo, faroeste, policial, drama, dramalhão, musical, terror. Uma das sessões mais populares acontecia no horário das oito da manhã.

Seria exagero afirmar que *A Morte Passou Por Perto* é obra existencialista, porém o trio formado por Gloria, Rapallo e Davey vive a náusea no sentido sartriano, o sentimento de dúvida em relação ao valor da existência. Vale recordar que por diversas vezes, em suas entrevistas, Kubrick se refere a Jean-Paul Sartre, mencionando a brincadeira do autor de *L'Être et le néant* (O Ser e o Nada, 1943), a propósito do homem condenado que ficaria feliz se no dia seguinte de sua morte um cometa se chocasse contra a Terra[7]. Vicent LoBrutto, no capítulo cinco de sua biografia afirmou que: "Aqui, Kubrick foi mais influenciado pelo pensamento literário existencialista de Albert Camus e Jean-Paul Sartre do que a miríade de filmes hollywoodianos que absorveu. Ele emergiu de seu primeiro esforço como um diretor visual com uma visão específica e assustadora de seu mundo."[8]

A Morte Passou Por Perto é, digamos assim, um *mezzo a mezzo* existencialista. Faltou peso para ele chegar à copa da árvore. De certa maneira, porém, o que já está presente no seu significado é o viver em meio ao absurdo, aspecto recorrente na filmografia do diretor.

Seu segundo longa-metragem explora uma das obsessões do cineasta: a presença do núcleo familiar. O pai, o tio e Iris, a irmã de Gloria. Uma curiosidade: a voz do tio do boxeador Davey é a voz de Kubrick, no telefone e depois no metrô, lendo a carta. É perceptível o sotaque anasalado característico do habitante do Bronx nova-iorquino. As aparições de Kubrick em seus filmes sempre foram através da voz *off*. Ele tinha um fraco por sua voz "microfonizada". No *walkie-talkie* em *Nascido Para Matar*, no telefone em *A Morte Passou Por Perto* e no rádio amador em *O Iluminado*. Sua mulher gostava de dizer: "Quer ver o Kubrick feliz? Dê-lhe oito gravadores e uma muda de roupa".

---

7   Ver a conversa de Kubrick com Joseph Heller, autor de *Catch 22* (Ardil 22), reproduzida em A. Castle (ed.), op. cit., p. 364.
8   *Stanley Kubrick: A Biography*. New York: Da Capo, 1997.

A vida é idealizada de maneira fútil no primeiro longa do diretor. Os "noivos" sonham que seriam felizes na cidadezinha pacata do interior. Gloria e Davey não suportam mais a rotina trabalho-casa/casa-trabalho, o cotidiano cinzento da metrópole sob as ordens dos poderosos chefões. O *capo* Frank Costello conseguiu um acordo com a tevê para nunca mostrar o seu rosto. Quando a tevê cobriu o interrogatório do mafioso no FBI, as câmeras só mostravam os dedos do bandido tamborilando a superfície da mesa, num tique nervoso.

A Morte Passou Por Perto explora personagens "desglamourizadas". Gloria é obrigada a dançar com qualquer um, Davey foi vaiado pela torcida e Rapallo é um mafioso homicida. A estrada é acidentada para o trio que se movimenta por entre uma cordilheira de ambivalências, ora se mostra determinado em querer ganhar a luta, ora abaixa a guarda e se deixa tragar pelas adversidades. O drama das pessoas que não se adaptaram à metrópole era de certa maneira uma novidade no cinema. Contudo, há alguma coisa errada no filme, parece posado. Falta o ritmo que tem em *Marty*, faltava fazer crer que a vida era daquele jeito porque esse era o jeito da condição humana. Mesmo assim, *A Morte Passou Por Perto* fez fama. O nome Kubrick era ainda uma faísca, mas já havia gente declarando que o garoto elogiado por Orson Welles nascera abençoado pelo fogo da chama sagrada. O criador de *Citizen Kane* (Cidadão Kane, 1941) afirmara: "dessa nova geração, Kubrick me parece ser um gigante".

Há um fato curioso em torno de um erro de continuidade em *A Morte Passou Por Perto*. As meias brancas de Davey Gordon mudam de cor de uma cena para outra. Levamos um susto, puxa, meias pretas! Ocorre que o gigante costumava fazer objetos desaparecerem da tela, mera fração de segundos, mas o suficiente para ficar rindo bobamente por dias seguidos. Será que também foi premeditada a aparição de Peter Sellers em *Lolita*, que no começo é de uma forma e quando se repete do meio para o fim, o canalha Clare Quilty desaparecera da cena? Deve ter ido se encontrar com a cadeira de *O Iluminado*. Nesse mesmo filme, a máquina de escrever muda de cor tal qual como aconteceu com as meias do boxeador Davey Gordon. Vá ver que esses erros de continuidade eram uma estratégia para não entregar seus segredos ou algo do gênero. Kubrick era perito no truque de desnortear. A foto famosa que lhe valeu o emprego na revista *Look*, o vendedor de jornais entristecido por causa do falecimento do presidente Roosevelt, pois bem, a foto foi "dirigida" pelo moleque do Bronx. Uma, três, dez vezes, até chegar naquele clima "espontâneo" que comoveu o país inteiro. Quando trabalhou para a *Look*, Kubrick fundiu a cabeça de muita gente ao divulgar a foto de uma jovem que acaba de escrever na parede de papel "I hate love!" (Eu odeio o amor!, 1950). Menino levado, esse monstrinho...

Kubrick foi um rato de cinema. O ano de 1955, ele conhecia de cor. O diretor aprendeu muita coisa boa no escurinho do cinema e não se intimidou, pois foi um aluno atrevido. Chegou pensando em inovar, daí porque botou banca em *A Morte Passou Por Perto*. Foi corajoso apostar na personagem Vicent Rapallo, escolhendo o ator Frank Silvera, o sargento Mac de *Medo e Desejo*, que nascera na Jamaica, para interpretá-lo. Não se fala muito nesse assunto, mas, por debaixo do pano, Kubrick encontrou uma maneira de pôr um "moreno" beijando, louco de tesão, uma branca loirinha que não usava sutiã. O Código Hays tinha poderes para tirar o filme do ar e, naquela época, cenas de amor entre brancas e negros eram proibidas. Em *A Morte Passou Por Perto*, o vigilante menino do Bronx tomou algumas providências para amaciar o impacto de seu atrevimento. Inundou a vida de Rapallo de pó de arroz. O dono do cabaré aparece sempre bem vestido, trajes impecáveis, anéis, cordões de ouro, talvez um diamante na lapela. Fuma charutos cubanos, tem escolta particular (dois seguranças brancos), é dono de um carrão conversível do ano, é um empresário bem-sucedido do ramo de casas noturnas. Ou seja, apesar de bastante dissimulado, o componente racial sinalizava que o jovem cineasta parecia disposto a circular por zonas perigosas. Portanto, era bom ficar de olho no pimpolho porque esse senso demolidor e cristalino não passava no crivo da mentalidade média. A sociedade estadunidense nunca perdoou a criança pobre criada na periferia de Londres, Charlie Chaplin, porque ele estabeleceu uma relação íntima entre a felicidade particular e a existência criminosa.

A censura estimulava os artistas a aderirem à estratégia do morcego: morder e depois assoprar. Nas entrelinhas, os cineastas davam suas "porradinhas". A coisa funcionava assim: tratava-se de um clássico dramalhão, mas, de repente, acendia o calor da verdade que agonizava por baixo dos preconceitos e da tolice das vaidades. Estamos nos referind ao *All that Heaven Allows* (Tudo o Que o Céu Permite) em que uma mulher rica se apaixona pelo jardineiro doze anos mais moço do que ela. O alemão Douglas Sirk não poupou ninguém e fustigou a intolerância e a arrogância dos metidos a besta. Parecia ser apenas uma história de "amor impossível", no entanto converteu-se numa vigorosa crítica social. Talvez a própria censura tenha despertado o interesse por assuntos como direitos, atitudes, gostos e valores. Os tempos pareciam propícios para críticas sociais e é desse mesmo ano, um filme notável: *Bad Day At Black Rock* (A Conspiração do Silêncio), uma demolidora leitura do macarthismo. Nesse clássico de John Sturges, o trem da história foi colocado nos seus devidos trilhos.

East of Eden (Vidas Amargas) é outro filme que chegou batendo. Sua proposta era revolucionária: inventar um cinema para o cinemascope. E a missão foi brilhantemente cumprida pelo grande fotógrafo Ted McCord. Em vez de impor técnicas conhecidas, Ted pesquisou soluções que agregassem valor ao sentido do filme. Bingo! O fotógrafo nascido em Sullivan Country, Indiana, acertou quando propôs o tom da cor do filme, um verde que não agradou a muita gente, mas que fazia sentido com o significado de *East of Eden*. Filme primoroso, certamente você não vai esquecer a cena entre o filho James Dean (1931-1955) e o pai Raymond Massey. O título em português é cretino. Por se tratar de uma releitura do Evangelho, mais precisamente do *Gênesis 4*, o título original do livro de John Steinbeck que era *East of Eden* (A Leste do Éden) deveria ter sido mantido. Mas não é só. O retrato da família classe média às voltas com o conflito virulento entre dois irmãos ficou na história do cinema como um filme de vanguarda. Era a primeira vez que um cineasta e um fotógrafo usavam o cinemascope e o que seria apenas uma novidade tecnológica tornou-se uma experiência que nenhum diretor de cinema pode ignorar. Por sua vez, Fritz Lang dizia que o cinemascope só serve para filmar funerais e cascavéis. Uma boa tirada, mas o forte do demônio do expressionismo não era a futurologia.

A ficção científica daquele ano foi *Invasion of the Body Snatchers* (Vampiros de Almas), de Don Siegel, que mesclava discos voadores com estranhos acontecimentos. O problema era que as pessoas, ao passarem para o lado dos extraterrestres, tornavam-se mais felizes do que nós, pobres telúricos.

Temas como a droga, a criminalidade e a delinquência juvenil se consolidaram como tendência, mas lhe faltou sorte. O competente vienense Otto Preminger errou na dose quando tratou do vício da heroína em *The Man with the Golden Arm* (O Homem do Braço de Ouro). O alemão William Wyler foi convencional em *The Desesperate Hours* (Horas de Desespero), ao explorar um crime muito comentado na época, o assalto a uma casa de família classe média por bandidos truculentos. Um dos criminosos era Humphrey Bogart (1899-1957), a maior estrela masculina do cinema de todos os tempos, segundo o American Film Institute. O tema "nova geração" foi explorado em dois filmes: *Blackboard Jungle* (Sementes da Violência) do qual já falamos, e *Rebel Without a Cause*, de Nicholas Ray. Os filmes de Nicholas Ray confirmaram seu talento nos dando aquele começo inspirado. A cena na cadeia vale por um curso completo de cinema. *Juventude Transviada* é um mimo de câmera descritiva, interpretações comoventes, montagem criativa, contudo a espuma demagógica contaminou seu enredo. O surrealista judeu Man Ray tinha razão quando declarou que nos piores filmes "que vi na minha vida encontrei cinco minutos de belas imagens, mas o diabo é que ocorre a mesma coisa com os mais maravilhosos filmes que já vi".

Em matéria de ganhar dinheiro, 1955 foi um ano de ouro. O choroso *Love is a Many Splendored Thing* (Suplício de uma Saudade) de Henry King bateu recordes de bilheteria. Quem também engordou sua conta foi o britânico radicado nos EUA, David Lean, que arrastou multidões para os cinemas pela mão do lacrimoso *Summertime* (Quando o Coração Floresce). Os diretores Charles Vidor e Daniel Mann atacaram respectivamente com *Love Me or Leave Me* (Ama-me ou Esquece-me) e *I'll Cry Tomorrow* (Eu Chorarei Amanhã) confirmando que nesse ano, Hollywood se dera bem na boca do caixa. Na seara da comédia, a pesca também foi proveitosa. Hitchcock está impagável em *The Trouble With Harry* (O Terceiro Tiro) que rodara em Vermont, uma joia quando comparada ao almofadado *To Catch a Thief* (Ladrão de Casaca) que o gordo filmara na Riviera Francesa no mesmo ano. Em *O Terceiro Tiro*, *sir* Alfred não deu a menor importância para revelar quem assassinou e enterrou o azarado Harry. Preferiu a gargalhada e o lirismo em meio ao deslumbre das árvores alaranjadas do outono da Nova Inglaterra. Quanto a *The Seven Year Itch* (O Pecado Mora ao Lado), de Billy Wilder, ele e a loira prepararam uma jogada infalível contra os cérebros duros porque a imagem de Marilyn na saída de ventilação do metrô injetou uma torrente de bel-prazer na veia da vida. Outra delícia da safra veio da Broadway: *Guys and Dolls* (Garotas e Garotos). O diretor Joseph L. Mankiewicz caprichou nas entrelinhas explorando a verdade sabida por todos, quem mandava na Pátria do Tio Sam era a Cosa Nostra. O *capo* Frank Sinatra encabeçava o elenco. Em 1954, a revista *Metronome* o elegera como o cantor do ano, desbancando o Eddie Fisher.

Em *Artists and Models* (Artistas e Modelos), o impagável Jerry Lewis e o diretor Frank Tashlin estavam com a corda toda mostrando que Hollywood sabia fazer rir. A comédia tipo *nerd* em moda até recentemente dera os primeiros sinais de vida justo em *Artistas e Modelos* e em *You're Never Too Young* (Meninão), de Norman Taurog com roteiro de Sidney Sheldon, ambos estrelados por Jerry Lewis e Dean Martin.

Naqueles tempos, o cinema reverenciava o nome de Joseph H. Lewis, que dirigiu perto de cem filmes, entre televisão e cinema, passando por todos os gêneros. Seu relógio de ponto de todos os dias ficava atrás das câmeras e de tanto rodar descobriu todos os segredos do *métier*. Em 1955, filmou um faroeste comum, *A Lawless Street* (Obrigado a Matar) e um policial de alta qualidade: *The Big Combo* (O Império do Crime). Lewis tece uma perturbadora visão da máfia ao contar a história de um criminoso e de um investigador que amam a mesma mulher. Filme cheio de qualidades: elenco notável, música do mestre David Raskin e fotografia genial de John Alton. Ao assistir *O Império do Crime*, vê-se como Lewis influenciou todo mundo, dos mais geniais aos mais comuns dos cineastas. Outro filme dele, *Terror in a Texas Town* (Reinado do Terror), é referência de originalidade no gênero faroeste. Nesse filme, o clássico duelo final reúne o pistoleiro todo de preto, armado de revólver, e o marinheiro sueco que carrega no ombro o arpão de matar baleias. Cinéfilo que se preza tem que conhecer pelo menos três obras de Lewis. Diretor de filmes impecavelmente narrados e de conteúdos consistentes, características que o qualificam como um artista de estética própria. O roteirista de *Taxi Driver*, Paul Schrader expressou numa frase o resumo da ópera: "o cinema de Lewis possui o sentido combinado de estimulação, *élan* e composição dinâmica". Scorsese declarou amar *Gun Crazy* (Mortalmente Perigosa) que Lewis rodara em 1950.

1955 foi um ano de bons faroestes. *The Man From Laramie* (Um Certo Capitão Lockhart) é o *western* padrão dirigido por Anthony Mann. Outro bangue-bangue maior é *Man Without a Star* (Homem Sem Rumo), dirigido pelo "fundador" King Vidor. Há também *Chief Crazy Horse* (O Grande Guerreiro), de George Sherman. Porém, o faroeste mais importante produzido nesse ano foi *White Feather* (A Lei do Bravo), de Robert D. Webb, filme que serviu de referência para Kubrick rodar *O Iluminado*. Pela primeira vez, a indústria cinematográfica colocara na tela a verdadeira história do massacre dos povos indígenas comandado por altas autoridades da Casa Branca. Portanto, Kubrick não fora influenciado apenas pela história de seu país, mas também pelo seu patrimônio cinematográfico.

Em termos de impacto, três filmes são destaques na safra de 1955: *Picnic* (Férias de Amor), *The Night of Hunter* (O Mensageiro do Diabo) e *Marty*. O inglês Charles Laughton barbarizou na direção de *O Mensageiro do Diabo*. O ódio e o amor são cartesianamente divididos nas mãos de Robert Mitchum, as letras das palavras "love" e "hate" tatuadas nas costas de cada dedo. A paixão pelo dinheiro saiu direto do inferno para a tela nesse *cult* do cinema. Público e crítica concordaram: *O Mensageiro do Diabo* foi o melhor filme do ano de 1955. Não é o nosso caso, pois preferimos *Vidas Amargas* do trio Kazan/ McCord e James Dean.

Picnic, de Joshua Logan, ficou pelo meio do caminho, mas tem os seus méritos. O filme explora o velho clichê de que as pessoas não são valorizadas pelo que são, mas sim pelo que têm. Rosalind Russell, atriz homenageada com uma biografia escrita pela jornalista Chris Chase, pseudônimo de Irene Kane, a dançarina de cabaré em *A Morte Passou Por Perto*, protagoniza em *Picnic*, o mais hilariante porre da história do cinema. O par Kim Novak e William Holden, em noite de lua cheia, dançando *Moonglow*, é inesquecível.

Agora é hora de tratar do felizardo que levou para casa o ouro do Oscar. *Marty* custou 350 mil dólares e foi o tonificante dos corações sedentos que ansiavam ver na tela personagens simples, autênticas, generosas com coragem e desprendimento. O filme é a cara dos sentimentos impressos em suas imagens. *Marty* exprime honestidade, suas dobras se desdobram apregoando a compreensão mútua e o triunfo sobre as assombrações da solidão. Há cópias do roteiro original escrito pelo grande Paddy Chayefsky disponíveis pela internet, o mesmo que resultou no telefilme produzido e veiculado na *The Philco Television Playhouse*, em 1953. Nosso dileto amigo, Kubrick atirara um olhar de admiração para o pensamento positivo que vigora no filme de Delbert Mann. Tempos depois, em *De Olhos Bem Fechados*, Kubrick misturaria seu existencialismo recorrente com a redenção proposta por Chayefsky.

A safra do ano de 1955 inclui três obras primas: *Confidential Report* ou *Mr. Arkadin* (Grilhões do Passado), de Orson Welles; *Kiss Me Deadly* (A Morte num Beijo), de Robert Aldrich; e *Moonfleet* (O Tesouro do Barba Ruiva) de Fritz Lang. Por certo, Kubrick havia assistido todos os três filmes. Ele se mantinha atento ao cinema de sua terra e a exemplo de alguns de seus colegas se pautara pela maneira como abordou assuntos considerados inadequados. O rolo compressor do macarthismo foi contornado por diversas ocasiões. Em *A Morte Passou Por Perto*, Kubrick mirou a Máfia e o racismo, temas que os censores nem queriam ouvir falar. Mas deu tudo certo, o drible do insubordinado menino de Nova York ganhou prêmios e um turbilhão de elogios. Em *A Morte Passou por Perto*, não resistindo ao trocadilho, o que passou mesmo foi o primeiro beijo inter-racial, beijo na boca, beijo ardente. A ironia do caso é que nem todos perceberam. Ou será que fizeram que não perceberam? Frank Silvera é jamaicano e Irene Kane é branca norte-americana. O livro que chegar às suas mãos dizendo que o primeiro beijo inter-racial do cinema estadunidense ocorreu em *Island of the Sun* (Ilha dos Trópicos) estará errado, não caia nessa, porque esse filme é de 1958, portanto, três anos posterior ao de Kubrick.

Quanto ao crime organizado, Kubrick cuidou de filmá-lo sem disfarces. Chamamos atenção para a cena do crime. Os capangas de Rapallo, que deveriam pregar um susto no empresário do boxeador Davey, acabam por matá-lo, num golpe de azar. O imprevisto serviu de base para o diretor abordar o problema da impunidade, das mortes que a polícia "não vê", procedimento muito comum nas sociedades nas quais o crime organizado faz jus ao nome, geralmente em conluio com os governantes e instituições bancárias. A cena do assassinato é forte: a fúria do espancamento, o beco sórdido, sem viva alma, o pânico da vítima, o temor dos assassinos, a morte inevitável, a covardia dos criminosos. Deixam o corpo estendido no chão, saem correndo, seus passos soam como solos de bateria, instrumento que um dia o menino do Bronx batucara.

De modo geral, é um filme opressivo. Ao longo da narrativa, cresce a claustrofobia dos espaços, a desolação que se move entre arranha-céus e ruas mudas num *noir* contrastado. O clima é fatalista, o título brasileiro está correto, naquelas imagens a morte está sempre passando por perto. Uma hora, quando parecia que reinava a mais completa calma, eis que de repente Davey escuta gritos vindos do apartamento vizinho, vê um homem "de cor" surrando Gloria, ela se apavora enquanto o agressor, desesperado, cai em si. O filme mantém uma pulsação de tensão, a agonia corre acelerada na tela. Apesar de não ser nenhuma obra-prima, conhecemos uma porção de admiradores seus. O monstro chegara ao topo da montanha. Suas elipses surtiram efeito rompendo com esquematismos desgastados. Representar o racismo e o crime organizado inspirou o gigante a sair do comum. O felizardo ficara a milhas e milhas de distância do maniqueísmo redutor e simplista do cinema de sua terra.

Os fãs de *A Morte Passou Por Perto* identificam nesse filme alguns aspectos que se repetirão na obra do diretor. A personagem Rapallo perde as rédeas de sua conduta, tragada pela inconsequência. É um homem que se oculta, é mais um que anula a si mesmo como Barry Lyndon, Jack Torrance (*O Iluminado*), Humbert Humbert (*Lolita*), dr. William Harford (*De Olhos Bem Fechados*) e, de certa maneira, o soldado Joker de *Nascido para Matar* (1987). A realidade em Kubrick parecia bem diferente do verso de uma canção de Sinatra: "Life is as beautiful thing / As long as I hold the string" (A vida é uma coisa bela / Desde que eu manipule os fios).

Eis aqui uma alentada lista dos filmes rodados em 1955. Não é obrigatória a sua leitura, mas tal lista testemunha a diversidade de temas da nascente indústria cinematográfica norte-americana. John Ford dirigiu seu primeiro filme em cinemascope, *The Long Gray Line* (A Paixão de uma Vida). O mestre, em parceria com Mervyn LeRoy e Joshua Logan, assinou o insosso *Mister Roberts*. Samuel Fuller foi para o Japão fazer *House of Bamboo* (Casa de Bambu). Vicente Minnelli nos ofereceu *The Cobwed* (Paixões Sem Freios) e *Kismet* (Estranhos no Paraíso). Delmer Davis: *Jubal* (Ao Despertar da Paixão) e *Drum Beat* (Rajadas de Ódio). Edward Dymtryk, *Soldier of Fortune* (O Aventureiro de Hong Kong), *The End of Affair* (Pelo Amor do Meu Amor) e *The Left Hand of God* (A Mão Esquerda de Deus). Rauol Wash, *Battle Cry* (Qual Será o Nosso Amanhã?) e *The Tall Men* (Nas Garras da Ambição). Stanley Donen, *It's Always Fair Weather* (Dançando nas Nuvens). Don Siegel, *An Anapolis Story* (O Azul e o Ouro). Mark Robson, *Trial* (A Fúria dos Justos) e *A Prize of Gold* (O Preço do Ouro). Rudolph Maté produziu *The Violent Men* (Um Pecado em Cada Alma) e *The Far Horizons* (Aventura Sangrenta). Curtis Benhardt, *Melody Interrupted* (Melodia Imortal, em *widescreen*, vídeo em alta definição). Lewis Alen lançou *Illegal* (Trágica Fatalidade) e *A Bullet for Joey* (Cada Bala uma Vida). Mervyn LeRoy ofereceu *Strange Lady in Town* (Uma Estranha em Meu Destino). Richard Fleischer, *The Girl in the Red Velvet Swing* (O Escândalo do Século) e *Violent Saturday* (Sábado Violento). Burt Lancaster, *The Kentuckian* (Homem Até o Fim). Douglas Sirk descuidou-se em *There's Always Tomorrow* (Há Sempre um Amanhã) e se enrolou em *Captain Lightfoot* (Sangue Rebelde). A superprodução do ano ficou a cargo de Howard Hawks com seu *Land of the Pharaohs* (A Terra dos Faraós). Os admiradores do mestre torcem o nariz para esse épico que teve o roteiro de William Faulkner, mas há quem o defenda, argumentando que a cena do fechamento da pirâmide é uma das grandes sequências do cinema[9]. Robert Wise aventurou-se por esse mesmo caminho, porém, *Helena de Troia* é um ponto fraco na sua respeitável filmografia. A Fox fabricou uma superprodução: *Seven Cities of Gold* (Sete Cidades de Ouro), de Robert D. Webb, é ouro de baixo quilate. O veterano pé-de-boi William Dieterle foi escolhido pela velha Republic Pictures para se responsabilizar por uma produção cara para os padrões da produtora: *Magic Fire* (Chama Imortal), biografia do compositor Richard Wagner com centenas de figurantes, vestuário de luxo, locações sofisticadas como o teatro de Bayreuth, elenco com estrelas do porte da canadense

---

[9] Ver o blogue do InácioAraújo, disponível em: http://inacioaraujo.blogfolha.uol.com.br/.

Yvone De Carlo e do britânico Peter Cushing, rodado em Trucolor, a grande invenção do estúdio, lançada em *Johnny Guitar*, de Nicholas Ray. O desenho animado do ano foi *Lady and the Tramp* (A Dama e o Vagabundo, de Walt Disney e equipe). Na ficção científica, tivemos *This Island Earth* (Guerra Entre Planetas), de Joseph M. Newman, que causou furor entre os admiradores do gênero. Para Scorsese, o melhor *science fiction* do ano foi *Conquest of Space* (A Conquistado Espaço), de Byron Haskin. Destacamos dois ótimos filmes de Robert Aldrich: *The Big Knife* (A Grande Chantagem) e *Autumn Leaves* (Folhas Mortas), ambos ovacionados por público e crítica. Nesse ano, há um filme intitulado *Sudden Fear* (Precipícios da Alma) do desconhecido David Miller, elogiadíssimo por François Truffaut quando foi crítico do *Cahiers du cinéma*. Entre os diretores famosos, Anthony Mann, além do *Capitão Lockhart*, deu o ar de sua graça com *For Country* (O Tirano da Fronteira) e *Strategic Air Command* (Comandos do Ar). John Sturges afogou-se no tolo *Underwater* (Alforge do Diabo) e decepcionou em *The Scarlet Coat* (A Túnica Escarlate). Otto Preminger atrapalhou-se em *The Court-Martial of Billy Mitchell* (Seu Último Comandado). O vienense Fred Zinnemann está apagado em *Oklahoma!* Nicholas Ray tropeçou em *Run for Cover* (Fora das Grades) e em *Hot Blood* (Sangue Ardente). Michael Curtiz fez feio em *We're no Angels* (Veneno de Cobra). Muitos outros cineastas estiveram trabalhando em 1955, entre eles: Blake Edwards, o homem da "pantera cor de rosa" que ficou devendo em *Bring Your Smile Along* (Traga Seu Sorriso Junto). O profícuo William A. Wellman mandou seu recado em *Blood Alley* (Rota Sangrenta), vigoroso filme anticomunista. Jean Negulesco, *The Rains of Ranchipur* (As Chuvas de Ranchipur) e *Daddy Long Legs*, mais conhecido como Papai Pernilongo. Philip Dunne veio com *The View From Pompey's Head* (O Que o Amor Nos Negou). Jacques Tourneur, *Out of the Past* (Fuga do Destino) e um faroeste chinfrim: *Wichita*. Mas acertou em *Stranger on Horseback* (O Cavaleiro Misterioso), filme aclamado por Scorsese. Henry Koster exagerou na choradeira elevada ao cubo: *Para Todo o Sempre*, *Ocaso de uma Alma* e *Rainha Tirana*. Ray Rowland filmou *Many Rivers To Cross* (Sangue Aventureiro). Charles Walters atacou de *The Glass Slipper* (Sapatinho de Cristal). George Sidney rodou *Jupiter's Darling* (Querido Júpiter). O pioneiro Allan

Dwan dirigiu cinco longas, um deles com o futuro presidente dos Estados Unidos, Ronald Reagan, no medíocre *Tennessees' Partner* (A Audácia é a Minha Lei). Jesse Hibbs surpreendeu em *To Hell and Back* (Terrível Como o Inferno). Phil Karlson em dupla produção: *The Phenix City Store* (Cidade do Vício) e *Tight Spot* (Ratos Humanos). Stanley Kramer em *Not as a Stranger* (Não Será um Estranho). Mitchell Leisen em *Bedevilled* (Dela Guardei um Beijo). Gordon Douglas em *The McConnell Story* (Voando Para o Além) e *Sincerely Yours* (O Semeador de Felicidade). Andrew L. Stone em *The Night Holds Terror* (A Noite Detém Terror). Budd Boetticher em *The Magnificent* (Matador), bangue-bangue sofrível. H. Bruce Humberstone: *The Purple Mask* (A Máscara Roxa) com Tony Curtis. John Farrow assinou *The Sea Chase* (Mares Violentos). Richard Thorpe ofereceu *The Adventures of Quentin Durward*. Jery Hopper trouxe a público *The Private War of Major Benson* (A Guerra Particular do Major Benson) e Henry Hathaway finalizou *The Racers* (Caminhos Sem Volta). Hugo Fregonese entregou *Black Tuesday* (Terça-Feira Trágica). Harold D. Schuster lançou *Finger Man* (Balas na Noite). Frank Tuttle estreia com *Hell on Frisco Bay* (Horas Sombrias). Lesley Selander compareceu com seus faroestes rotineiros e filmes de aventuras: *Tall Man Riding* (Nas Garras do Homem Alto), *Shotgun* (Escreveu Seu Nome a Bala) e *Desert Sands* (Areias do Deserto). Roger Corman, em início de carreira, marcou presença com quatro filmes, a saber: *Swamp Women* (Pântano Cruel), rodado em vinte e dois dias; *Five Guns West* (Cinco Revólveres Mercenários); *Apache Woman* (O Pistoleiro Solitário) e *Day the World Ended* (O Dia que o Mundo Acabou), rodado em nove dias. Corman é o que podemos chamar de lenda viva do cinema, pois o mesmo está lépido e faceiro aproveitando os seus noventa e tantos anos em Detroit, Michigan. O "pau para toda obra" William Castle filmou no Brasil *The Americano* (O Forasteiro). O pioneiro do ano foi *It's a Dog Life* (Aventuras de um Cachorro), que fez a alegria dos "cachorreiros", sob a batuta do desconhecido Herman Hoffman. A lista é grande. Eis aqui alguns outros cineastas que também estiveram na ativa em 1955, cada um deles, dirigindo de um a três filmes: Anatole Litvak, Andre DeToth, Jack Arnold, Hugo Haas, Stuart Heisler, H.C. Potter, Melville Shavelson, Sidney Salkow.

Enfim, há de tudo nessa safra. Tarzans, Godzillas, discos voadores, marcianos, tarântulas, cachorros, o "burrinho" Francis promovido a oficial da Marinha, os Três Patetas batendo cabeça, quase sempre sob as ordens de Jules White, as chuvas de Ranchipur, dinossauros, Lady Godiva, o nadador Johnny Weissmuler e suas braçadas, Jayne Mansfield e seus melões, lembrando que a moça estreou em 1955, no filme *Female Jungle* (Selva Feminina), Caryl Chessman na câmara de gás ou na cadeira elétrica, mares violentos, *rock n'roll*, Bela Lugosi fissurado num suquinho de sangue, rituais com serpentes e bichos peludos, pica-paus de má índole e "terremotos" de lágrimas, ora, ora, a Hollywood velha de guerra apresentava-se alinhadíssima à sua tradicional batida: de um lado, uma infinidade de filmes indigestos, do outro, meia dúzia de quitutes de fechar o comércio.

Antes de irmos para outro comentário, uma nota se faz necessária: 1955 assinala o adeus melancólico do fundamental Preston Sturges. Em péssima situação financeira, vivendo em Paris, dirigiu para "defender o conhaque", o filme intitulado *Les Carnets du Major Thompson* (Os Cadernos do Major Thompson), baseado num *best-seller* francês. Quatro anos depois, Preston morria pobre em Nova York. A arte cinematográfica orgulha-se do gênio da *screwball comedy*, criador de pelo menos seis obras maiscúlas: *Sullivan's Travels* (Contrastes Humanos, 1941), *The Palm Beach Story* (Mulher de Verdade, 1942), *The Great Mc Ginty* (O Homem que Nunca se Vendeu, 1940), *The Miracle of Morgan's Creek* (Papai Por Acaso, 1944), *Hail the Conquering Hero* (Herói de Mentira, 1944) e *Lady Eve* (As Três Noites de Eva, 1941). Preston Sturges personificou a entidade que melhor soube "dar nó em pingo d'água". A explicação para sua majestosa filmografia era que ele em vários de seus trabalhos não deixava ninguém pôr a mão. Incrível, em plena Hollywood mercenária, Preston conseguira o salvo conduto do "corte final" e sua filmografia correspondeu a esse privilégio.

Também de 1955, é um filme europeu que Kubrick gostava com reservas: *Lola Montès,* do alemão Max Ophüls. O diretor impressionou-se com *Sommarnattens Leende* (Sorrisos de uma Noite de Verão), de Ingmar Bergman. Quanto a *Nuit et Brouillard* (Noite e Neblina), ignoramos se ele conhecia o Alain Resnais desse documentário encomendado pelo Comitê da História da Segunda Guerra Mundial, sobre a brutalidade e a impossibilidade do esquecimento da *Schoá*. Obra que tanto marcou Serge Daney, o editor do *Cahiers du cinéma* impressionou-se com a dramaticidade das imagens e o texto comovente do escritor francês Jean Caryol, sobrevivente do campo de Mauthausen.

Produzido na Inglaterra é o interessante *The Prisoner* (Prisioneiro do Remorso), de Peter Grenville, com *sir* Alec Guinness e Jack Hawkins. Vale registrar o impagável *The Ladykillers* (O Quinteto da Morte), de Alexander Mackendrick, com o mesmo Guinness no papel do chefe do bando e a atuação de Peter Sellers como Harry Robinson. Há também *Cast a Dark Shadow* (A Sombra do Passado), sob o comando de Lewis Gilbert, uma sátira ao crime, obra injustamente esquecida, de roteiro inspirado e notável interpretação de *sir* Dick Bogarde no papel de "Teddy" Bare, o rei do golpe do baú. O estadunidense Joseph Losey, radicado na Grã-Bretanha, deu sua contribuição com *The Man on the Beach* (O Homem na Praia), uma ficção curta, 29 minutos. O grande filme britânico dessa safra foi *Richard III*, uma das melhores versões shakespearianas do cinema. *Sir* Laurence Olivier dirigiu, criou o roteiro e fez parte do elenco que incluía atores do porte de *sir* John Gielgud e Claire Bloom.

Da Alemanha, destacamos dois filmes antinazistas de G.W. Pabst: *Esgeschah am 20. Juli* (Aconteceu em 20 de Julho), docudrama de 74 minutos sobre a tentativa fracassada de assassinar Hitler, um ano antes da guerra e *Der letze Akt* (O Último Ato), sobre os derradeiros dias do *Führer*. Ambos são trabalhos menores de Pabst. Enquanto na França, Jean Renoir nos contava a história do renascimento do *French Cancan*, a folia explodia em Montmartre, o mundo fazia uma pausa para dançar, mesmo que num filme bem fraquinho. Ainda na França, *Les Grandes manoeuvres* (As Grandes Manobras) foi para as telas, uma colorida comédia dramática, um nostálgico e delicado filme sobre a *Belle Époque*, de René Clair, resgatando registros em busca de um tempo poético. Porém, nenhum outro filme francês é mais precioso para a história do cinema do que *La Pointe courte*, pois simplesmente em 1955 ocorreu o lançamento da pedra fundamental da *nouvelle vague* através dessa obra de Agnès Varda. Note-se que o montador de *La Pointe courte* era o jovem Alain Resnais. Nesse ano radioso, há ainda mais três filmes célebres: *Pather Panchali* (A Canção da Estrada), do indiano Satyajit Ray; a obra-prima *Ordet* (A Palavra), do dinamarquês Carl Dreyer, figurante obrigatório das listas dos melhores filmes da história e *Muerte de un Ciclista*, do espanhol Juan Antonio Bardem. Quanto a *Lola Montès*, trata-se de um momento marcante do antirromantismo. Presa dentro de uma jaula, Lola, ex-condessa de Landsfeld, ex-amante de Franz Liszt e de Ludwig I, o rei Luis I da Baviera, se apresenta em shows itinerantes e aceita que a turba lhe beije as mãos em troca de uma moeda de um dólar. Outro título marcante do ano de 1955 foi *Du Rififi Chez les Hommes* (Rififi) que Jules Dassin dirigiu na França. A célebre cena do roubo à joalheria Mappin and Webb, uma sequência de suspense sem nenhuma palavra, deve ter chamado a atenção de Kubrick. Nosso caro amigo enxergou em *Rififi* um inconformismo semelhante ao seu quando realizou o fracasso de Johnny Clay e seus comparsas em *The Killing* (O Grande Golpe).

Agora pedimos licença para falar do pior diretor de todos os tempos, Ed Wood, hoje idolatrado por cinéfilos exigentes. No auge de sua atividade, Ed Wood, que aproveitava as migalhas da produção de outros filmes, destacou-se por usar a imagética como recurso principal de sua linguagem. Em 1955, lançou *Bride of the Monster* (A Noiva do Monstro). Nas décadas de 1940 e 1950, desprezar a lógica do enredo em favor da magia da imagem era um sacrilégio. Hoje em dia, a imagética brilha nos filmes dos grandes diretores do mundo inteiro, inclusive na obra de Kubrick. O cinema, talvez por ser a mais comercial das artes, custou para aderir ao despojamento da livre associação das ideias. A título de exemplo, em *Glória Feita de Sangue*, Kubrick usou trechos da *Marseillaise*, para se contrapor ao mau-caratismo e a covardia de meia dúzia de oficiais do exército francês. Recurso que na literatura já havia sido colocado em prática por Guy de Maupassant, em 1880, no conto *Boule-de-Suif* (Bola de Sebo), portanto, quase um século antes. De certa maneira, a sétima arte se mostrou tímida diante da tradição. O cão andaluz de Luis Buñuel custou para aparecer na tela, isso só ocorreu em 1928. Ora, ora, o dadaísmo já pintava e bordava na pintura, na literatura, na música desde 1916.

Voltando ao que se fez de bom nos anos 1950, todo o destaque é pouco para o cinema japonês. Vieram da terra do sol nascente, preciosidades como *Viagem a Tóquio* (1953), de Yasujiro Ozu, e quem ama a sétima arte emociona-se ao escrever o nome dessa fonte de sabedoria. Um fato curioso: na tumba onde foram depositadas suas cinzas, Ozu pediu para que fosse hasteada uma bandeira estampando a palavra "nada". Precisamente no ano de 1955, acendeu a estrela de Teinosuke Kinugasa em *Jigokumon* (Portal do Inferno), premiado com a Palma de Ouro em Cannes e como Melhor Filme do Ano para a Academia do Cinema Japonês. Nesse mesmo ano, Kenji Mizoguchi arrebatou uma caravana de prêmios com *A Princesa Yang Kwei Fei* e encheu os olhos do mundo com o panfletarismo sublime de *A Nova Saga do Clã Taira* (Shin Heike Monogatari). Isso para não falar de: Akira Kurosawa; Tomu Uchida, autor do primeiro *road movie* do cinema, *A Lança Ensanguentada*; Masaki Kobayashi; Hiroshi Inagaki; Kon Ichikawa; Mikio Naruse; Masahiro Makino; Hiroshi Shimizu; Kaneto Shindo; e, não menos importante, Nagisa Oshima. Todos mestres incomparáveis, sempre em cartaz, naqueles tempos, nos quatro cinemas do bairro da Liberdade, em São Paulo, a metrópole que tem a sorte de abrigar a maior colônia japonesa do mundo.

O cinema russo vivia um momento vigoroso. Há notícias de obras-primas dirigidas por nomes como Aleksandr Dovjenko, Mark Donskoy, Grigori Aleksandrov, Igor Savtchenko, Vladimir Petrov. Seus filmes, no entanto, são desconhecidos no mundo ocidental. O único país que possui alguma coisa da produção soviética dessa época é a França. Mesmo comprometidos com o culto à personalidade a Josef Stálin e respectivo endeusamento da "felicidade comunista", os filmes desse pessoal foram aclamados por grandes nomes da crítica. Os estudiosos da matéria concordam que o cinema russo, apesar da miopia ortodoxa, preservara sua tradicional qualidade e não perdera a aura de referência em termos de apuro estético.

Os beijos em *A Morte Passou Por Perto* traduzem atração e repulsa. O primeiro deles acontece entre Gloria e o patrão Rapallo, um afeto opressivo, no escritório do cabaré. A parte feminina concede por temor e dependência. O segundo une Davey e Gloria, um *smack* duplo subitamente interrompido por ela que replica quando o boxeador diz que a ama: "You love me. It's funny" (Você me ama. É engraçado). O terceiro e o mais significativo beijo é para escapar da morte, quando Gloria trai Davey dizendo que ama Rapallo, "o velho fedorento". Há ênfase na frase para deixar bem claro o tom racista.

O beijo para escapar da morte é cena transcendente. Em pânico, Gloria aceita que o velho fedorento e negro disponha do seu corpo. O casal se atraca num beijo ardente. Kubrick acabara de pôr na tela os sentidos mórbidos da realidade, construindo uma de suas engenhosas dicotomias. Era apenas uma faísca, mas sinalizava que outros contrapontos se punham a caminho. O monstro avisava que não pretendia se submeter aos valores da psicologia moral e que dele podíamos esperar deslocamentos e surpresas. Kubrick estava nos dizendo que a pesca seria mais interessante se invertêssemos a hipercodificação dos gêneros, somando a eles uma linguagem renovada. Spielberg estava coberto de razão quando anotou que Kubrick era um camaleão que mudava de um filme para o outro.

É também de 1955 um dos beijos mais famosos do cinema. O beijo casual por conta do fio de espaguete entre a cadela Lady e o cachorro Tramp no desenho animado *A Dama e o Vagabundo*, produzido por Walt Disney. O crítico A.O. Scott do *The New York Times* escreveu que o beijo estabeleceu uma iconografia glamourosa e uma coreografia elegante para uma exposição que, na vida real, é muitas vezes estabanada, canhestra e menos do que perfeitamente graciosa[10]. Iconografia que espelhou as mudanças comportamentais da humanidade. O filme *Wings* (Asas, 1927) de William A. Welmann, premiado com o primeiro Oscar da história, causou polêmica devido ao selinho fraternal entre Charles "Buddy" Rogers e Richard Arlen. Quem viu *Wings* e se lembra da cena declara que se trata de um beijo apaixonado.

Foi um longo caminho oxigenar a mentalidade opressora. Em 1955, diversos segmentos da sociedade estadunidense organizaram atos públicos para protestar contra o filme *Casa de Bambu*, rodado no Japão, dirigido por Samuel Fuller. A população queria marcar seu posicionamento contra o beijo entre Robert Stack e Shyrley Yamaguchi. Os responsáveis pelo protesto alegavam que o Japão lutara contra a "nossa pátria", matando "nossos filhos" (2.403 mortos e 1.178 feridos) no ataque covarde a Pearl Harbor. Paciência, paciência, paciência, só dizendo assim. A memória é uma bosta. Eles esqueceram fácil de Hiroshima. Mas falemos de coisas de "bom astral": Shyrley Yamaguchi era muito bonita.

---

10 Cf. A Brief History of Kissing in Movies, *The New York Times*, dec. 2014

A maneira mais natural de Hollywood para burlar as gestapos do espírito foi a espontaneidade. Engana-se quem pensa na década de 1950 como o mergulho do cinema ianque na crítica social. Em 1930 e 1940, temos exemplos de críticas até mais contundentes. Em um faroeste de 1939, há uma personagem jornalista que por diversas vezes dita para o linotipista editoriais que são autênticos panfletos subversivos. Em um deles, o major A. Rulles Cobb (Henry Hull), dono do jornal local, fuzilava o capitalismo centrando fogo na figura do dono da ferrovia, dos advogados e até dos dentistas. Os editoriais primavam pela sinceridade: "Se em algum dia tivermos ordem no Oeste, a primeira coisa que faremos é pegar todos os donos das ferrovias e sair atirando neles..." A crítica não se limitou apenas ao social, porque ampliou seus horizontes focando o comportamental. A cena mais comentada da época foi a desmunhecada de Edward G. Robinson em *The Little Caesar* (Alma no Lodo, 1931). O ator se descabela, todo boneca para Otero (George E. Stone), seu coleguinha de bando.

Filmes ruins e filmes bons. Percebe-se, ao analisar a produção cinematográfica de 1955, que o cinema de arte continuava sendo a exceção. Há uma lista na internet dando conta de que a safra do ano girou em torno de 264 títulos, mas o número está errado. Os organizadores da relação citaram obras que são coproduções como *Il Bidone* (A Trapaça), de Fellini, com o ator ianque Broderick Crawford ou *Rififi*, que é de Jules Dassin, judeu estadunidense. Tirando as coproduções, o número mais correto estaria em torno de duzentos filmes. Desses, sobrariam, quando muito, dez títulos dignos de se levar para uma ilha deserta. Lamentável é que a matemática mudou para pior. Hoje em dia, o número de filmes ruins duplicou enquanto os filmes bons, no máximo, atingem o número dos dedos que temos em cada mão. O cinema é ainda uma arte que faz parte da mitologia do mundo atual? Queiramos ou não, a sétima arte se tornou frágil. Os filmes não desencadeiam tantos envolvimentos quanto antes. A nossa paixão não está morta, mas sobreviverá sem a majestade do passado. O carro continua na pista, correndo com uma roda a menos, às vezes, até com duas a menos. Certamente, o cinema segue como uma atividade dinâmica por conta de novas técnicas e de recursos revolucionários, mas a realidade é que se trata de uma mutação a serviço da estetização do *marketing*.

O singular ano de 1955 nos legou um fato cinematográfico interessante, o declínio do filme *noir*. Porém, em contrapartida, Ted McCord encontrara uma maneira primorosa de valorizar o cinemascope. O *noir* falecera, mas a sétima arte conservava sua glória e permanecia viva na procura de outras superações. Então, fiquemos atentos: pode ser que hoje, em algum lugar do planeta exista um Ted McCord de plantão, que se valendo da tecnologia disponível, poderá inventar "um novo truque" que salve a cinefilia[11].

11 No final do filme, os letreiros de *Killer's Kiss* correm enquanto um homem bem vestido espera alguém na antiga Penn Station. Música, ruídos do ambiente, um apito de trem, pessoas indo e vindo, garis varrendo o chão, enquanto centralizado no meio da tela está o nome Minotaur Production. A câmera acompanha o movimento do homem, letreiros sobreimpressos *Kiss Me, Kill Me*, o título original do filme e na sequência, Edited, Photographed and Directed by STANLEY KUBRICK. O homem então começa a contar a sua história, *voice over*. Essa opção de introduzir os letreiros no corpo da ação do filme era muito usada na época. A *nouvelle vague* amava esse procedimento. Em algumas vezes renovou essa solução, como em *Cléo de 5 à 7*, de Agnès Varda (1962). A cena do tarô começa preto e branco e ganha cor quando aparece a carta anunciando a morte à medida que os letreiros entravam e saíam sem alterar sua ordem. *O Grande Golpe* aderiu a essa receita. Os cavalos e os jóqueis se preparam para a largada enquanto rolam os letreiros na tela. Em *A Morte Passou Por Perto*, O THE END cai em cima do casal que

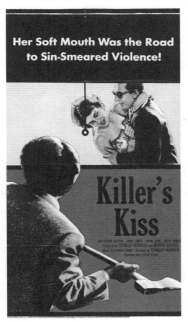

se beija no mesmo terminal ferroviário, o homem que abraça a moça loira é o passageiro que esperava por alguém no começo do filme. Esse beijo, todo apaixonado, segundo consta, foi uma concessão à bilheteria. A direção de arte dos cartazes de *A Morte Passou Por Perto* é uma antiguidade. Eles pareciam anúncios e não cartazes. Eram poluídos, cheios de clichês, muita informação, leitura confusa. No primeiro deles, via-se a ilustração de Davey beijando Gloria e a legenda "Her Soft Mouth Was The Road To Sin-Smered Violence!" Logo abaixo do casal está um enorme x que invadia a palavra *A Morte Passou Por Perto*. Na extremidade inferior do cartaz, lado esquerdo, havia a silhueta de um homem "moreno" (Frank Silvera) empunhando um machado em posição de ataque. O *layout man* abriu um bloco onde diagramou os créditos do filme. A cena do homem esperando alguém na Penn Station e em letras garrafais o título *Kiss Me, Kill Me* que o diretor mudou para *A Morte Passou Por Perto* por causa do *Kiss Me Deadly*, de Robert Aldrich. Essa cena mereceu uma bela página dupla, em preto e branco logo no começo, em A. Castle (ed.), op. cit.

TARANTINO
ESPOLA
A
PELE,
KUBRICK
ESPOLA
O
CÉREBRO

4
TARANTINO ESFOLA A PELE, KUBRICK ESFOLA O CÉREBRO

> Quando o véu da ilusão cai,
> o mundo se torna palco de inquietações urgentes.
>
> JIM THOMPSON[1]

O mérito de *The Killing* (O Grande Golpe) foi surfar na onda da *pulp fiction*. Nessa empreitada, Kubrick teve a lucidez de escolher como parceiro o estadunidense que nascera com o dom de criar histórias sórdidas, iluminado pela fluência da naturalidade: Jim Thompson. O diretor o admirava. Um dia pegou o telefone e se entendeu pessoalmente com a pena mais áspera de Hollywood. Deu tudo certo. Jim Thompson aceitara roteirizar a novela *Clean Break* escrita por outra pena afiada, o nova-iorquino Lionel White[2]. Kubrick estava convencido que essa novela daria um filme de forte apelo popular. *O Grande Golpe* inaugurou sua parceria com o produtor James B. Harris repetida em *Glória Feita de Sangue*, *Spartacus* e *Lolita*. Depois, Harris seguiu carreira solo, como diretor. Em um dia triste de março de 1999, ele viajou dos Estados Unidos para Inglaterra a fim de se despedir de seu amigo de todas as horas.

O enredo de *O Grande Golpe* apresentava uma novidade: os bandidos eram pessoas de família com emprego fixo. Entre os sete integrantes da quadrilha, só havia um criminoso, o líder e autor do plano do assalto, Johnny Clay, interpretado por Sterling Hayden. Os demais valsavam nas ilusões do senso comum. Cada um deles amargava seu drama particular, que os empurrava para baixo ou,

---

1   *O Assassino em Mim*, trad. Luana Freitas, São Paulo: Planeta, 2005.
2   *Clean Break*, New York: Blackmask, 2004. (*O Roubo no Hipódromo*, Lisboa: Livros do Brasil, 1988.)

quando não, os levava a se converterem em traidores da pior espécie. Portanto, perigo à vista para o barco conduzido por um recém-saído da cadeia e meia dúzia de cidadãos acima dos quarenta anos, sem experiência no ramo. A fauna era variada, havia de tudo: o sadomasoquista George Peatty (Elisha Cook Jr); sua mulher, a "perua" Sherry Peatty (Marie Windsor), que tinha uma caixa registradora no coração; a "bicha velha" Marvin Unger (Jay C. Flippen); o "filósofo" Maurice (Kola Kwarian); o atirador trapalhão Nikki (Timothy Carey); o *barman* Mike (Joe Sawyer) em desespero pela dificuldade em arcar com as despesas do tratamento da esposa; e, claro, não podia faltar, o policial corrupto Randy Kennan (Ted de Corsia, o Sidney Broome em *The Lady from Shangai* de Orson Welles, 1946) que, de farda, transportara no camburão, movido a dinheiro público, dois milhões de dólares devidamente ensacados. De outro lado, é preciso considerar a personalidade de Johnny Clay. Era o autêntico criminoso que sente prazer quando esmurra a lei levando o policial ao nocaute e veja que interessante: só depois de transcorridos 89 minutos do filme é que o líder do bando, pela primeira vez, se digna a dirigir a palavra a alguém que não é da quadrilha ou que não seria útil ao assalto. A cena ocorre durante o roubo, na boca do caixa do hipódromo de Los Angeles onde Clay, já de máscara na cara – a máscara do sorriso – e de arma em punho, avisa aos seguranças: "Mãos ao alto. Se alguém der um passo, começo a atirar." Para o verdadeiro bandido, o mundo exterior é indigno de sua inclusão: "Os gângsteres pós-guerra da era Bogart permaneceram solitários, mas tornaram-se inesperadamente investidos de um *pathos* trágico, de modo a exprimir a confusão dos veteranos, retornados da Segunda Guerra Mundial em luta contra a antipática rigidez das instituições e em última instância, esmagados por uma ordem social mesquinha e vingativa."[3]

Johnny Clay é ativo no sonho de enricar, pouco lhe importa se seria necessário apertar o gatilho. Orgulha-se de sua condição de facínora. Afinal não era tão grave o que a quadrilha ia fazer, o dinheiro do roubo tinha origem no jogo, portanto...

---

[3] Frederic Jameson, Historicismo em *O Iluminado*, *As Marcas do Visível*, trad. Neide Aparecida Silva, Rio de Janeiro: Graal, 1995, p. 31.

Comenta-se que houve um bom clima de trabalho durante as filmagens. Correm histórias e uma delas diz respeito à formação do elenco. Trabalhar com Timothy Carey incomodou muita gente. O ator tinha má fama, implicavam com seu jeito de ser, sua forma de atuar, diziam que era louco, essas coisas. Kirk Douglas o detestava. Envolveu-se em episódios escabrosos, quis bater em Elia Kazan quando foi Joe, o "leão de chácara" da mãe de Cal Trask (James Dean) em *Vidas Amargas*. O diretor revidou, retirando-o dos créditos nos letreiros do filme. Em *Glória Feita de Sangue* na cena do fuzilamento, Tim deveria ficar calado, mas cismou de gemer e falar que estava com medo, que não queria morrer. Kubrick explorou isso e a cena bingou. No ano de 1962, Tim Carey dirigiu e interpretou *The World's Greatest Sinner* (O Maior Pecador do Mundo), festejado como um filme visionário, alguns críticos garantem que se trata de uma obra-prima esquecida. Tim gozou do *status* de ser uma das maiores lendas subterrâneas de Hollywood – a propósito, o nova-iorquino Kubrick fora amigo íntimo de Paul Krassner, jornalista considerado o pai da imprensa *underground* estadunidense, ainda em atividade. Um dos "causos" mais comentados da carreira de Timothy Carey aconteceu por ocasião de um teste quando lá para as tantas, já sem paciência, o ator protestou: "Não aguento mais ficar aqui na frente de vocês representando para quem não entende nada da minha arte."[4] Em seguida sacou o revólver e disparou, esvaziando o tanque da arma carregada com balas de festim contra os responsáveis pelo teste. Kubrick convidou Carey para compor o elenco de *O Grande Golpe*, ele seria Nikki, o atirador contratado para matar o cavalo de corrida a fim de desviar a atenção dos policiais. Matar o cavalo tirou o sono do diretor. Por essa razão, tratou de pôr um filhote de cachorro no colo de Nikki e pediu ao temperamental ator para ele se mostrar carinhoso com o animal.

Kubrick afirmou que *O Grande Golpe* é apenas um bom filme. Devia estar querendo dizer que amava o cinema *noir*. (Mais tarde, o diretor se deu ao luxo de manter um projecionista 24 horas à sua disposição.) Kubrick tinha em casa algumas raridades do gênero. Entre outros,

4 Apud Peter Biskind, *Como a Geração Sexo-Drogas e Rock'N'Roll Salvou Hollywood*, trad. Ana Maria Bahiana, Rio de Janeiro: Intrínseca, 2009, p. 320

The Maltese Falcon (A Relíquia Macabra, 1941), de John Huston; *High Sierra* (O Último Refúgio), de Raoul Wash e do mesmo ano; *The Little Caesar* (Alma no Lodo, 1931), de Mervyn LeRoy; *The Petrified Forrest* (A Floresta Petrificada, 1936), de Archie L. Mayo; *Scarface* (1932), de Howard Hawks; e o singular *Bullets or Ballots* (Balas ou Votos, 1936), de William Keighley, com E.G. Robinson, Joan Blondell, Barton Mc Laine e Humprey Bogart. *Balas ou Votos* introduziu uma novidade: os chefes da quadrilha do testa de ferro Al Kruger eram três respeitadíssimos banqueiros. Imagine o roteirista propor uma ideia dessas nos dias de hoje: é fuzilado na hora, sem dó nem piedade. E, claro, na coleção não podia faltar *Das Testament des Dr. Mabuse* (O Testamento de dr. Mabuse, 1933), dirigido por Fritz Lang, que segundo Alexander Walker era o *noir* preferido do enxadrista.

Se existe alguém que sintetizou a essência do filme *noir* foi Dillinger, o antecessor de Al Capone, que definiu o gângster como aquele que corre em direção da morte. E o roteirista de *O Último Refúgio*, John Huston, completou: "os gângsteres não morrem, eles vão é para um lugar onde são livres"[5]. Nessa linha de elegias, há uma boa de Orson Welles: "os maiores larápios, os mais detestáveis, podem ter caráter"[6]. E, para finalizar, há uma do brutamonte Maurice (Kola Kwarian), que, numa cena de *O Grande Golpe*, arremata de forma lapidar: "há sempre um desejo inconsciente de vê-los destruídos em pleno voo".

Gostaríamos de fazer um breve comentário sobre *Floresta Petrificada* por ser um filme admirável. A civilização da competição se cristalizara. O bandido Duke Montee (Humphrey Bogart) é o último apóstolo da individualidade bruta. Já para o escritor Alan Squier, interpretado por Leslie Howard, a vida perdera interesse. Os dois selam um pacto: o bandido mata o artista. Presta-lhe esse favor. Certamente uma joia que Kubrick guardava no seu esconderijo de relíquias.

Os beijos são escassos em *O Grande Golpe*. Apenas três, ou sendo mais preciso, há um beijo e duas tentativas. Johnny Clay e Fay, sua mulher, preparam-se para se beijar, porém Marvin chega sem avisar e o carinho não acontece. Val (Vince Edwards), o amante de Sherry, em

---

[5] Louise Sweeney, em Robert Emmet Long (ed.), *John Huston Interviews*, Jackson: University Press of Mississipi, p. 46.

[6] Maurice Bessy, *Orson Welles*, Paris: Pygmalion/Gérard Watelet, 1982, p. 208.

cena romântica, a abraça e quando vai colar os lábios, *a machine-gun cut* do montador Kubrick tesoura a alegria cortando para outra cena. O único afago que se completa ocorre entre o casal Sherry e George, beijo falso, a esposa finge e o marido, panaca, suspira em êxtase.

A crítica elogiou o filme. Pauline Kael foi um desses articulistas, logo ela que chamaria *De Olhos Bem Fechados* de merda, que diria que *Barry Lyndon* (1975) era um bloco de gelo, que consideraria *2001: Uma Odisseia no Espaço* obra sem imaginação e que acusaria *Laranja Mecânica* de ser perigoso, lembrando os crimes da seita de Charles Manson, que tanta polêmica causou entre o fim da década de 1960 e o começo dos anos 1970. Pois bem, em seu livro, Mrs. Kael sustenta que *O Grande Golpe* é uma engenhosa obra de suspense, no que ela estava absolutamente certa[7].

Em contrapartida, Jean-Luc Godard em artigo publicado no *Cahiers du cinéma* jogou areia no filme[8]. Mas errou o alvo. A premissa do criador de *À Bout de Souffle* (Acossado) falhou na precisão. Kubrick não é discípulo de John Huston. O cinema deles é diferente. O monstro é enxuto e agudo. Huston é prolixo. O primeiro se mostra ágil e o segundo trava na demora. Kubrick não copiou o final de *The Treasure of the Sierra Madre* (O Tesouro de Sierra Madre, 1948). A cena apresenta semelhanças no visual: o dinheiro voando no ar, mas os sentidos são divergentes. *O Grande Golpe* termina mal para Clay e Fay, enquanto o filme de John Huston acena para um *happy end* porque o clima é otimista. No Brasil, um precoce Glauber Rocha se derramava em elogios no artigo "Stanley Kubrick, A Salvação de Hollywood", publicado quando o cineasta baiano tinha quinze anos[9]. Outra interessante contribuição é assinada por Marcos Farias. O crítico gaúcho viu em *O Grande Golpe* a fabulação evoluindo através do estudo aprofundado das personagens que são analisadas como um romancista o faria[10].

---

7   Cf. *Going Steady*, New York: Foreword, 1969.
8   Jean-Luc Godard, Un Bon devoir, *Cahiers du Cinéma*, n. 8, fev., 1958.
9   Glauber Rocha foi um precoce e atuante colaborador da crítica cinematográfica publicada pelos principais jornais da imprensa baiana na década de 50.
10 Marcos Farias, SUL, Florianópolis, n. 30, dez., 1957.

Quanto à alusão de Godard de que a cena final foi mal realizada, a razão é toda dele. Kubrick descuidou-se: as notas de dólares voando sobre a pista do aeroporto internacional de Los Angeles (LAX) foram feitas com mão pesada. Kubrick que foi baterista captou a mensagem.

The Killer Inside Me (O Assassino em Mim, 1952), uma das obras mais populares de Jim Thompson, foi traduzida para o português. Na orelha do livro, dois depoimentos chamam atenção, o de Stephen King: "Meu escritor favorito de histórias policiais é Jim Thompson – sempre tentam imitá-lo, mas é em vão". E, é claro, o de Kubrick: "Provavelmente a história mais perturbadora e verossímil narrada por uma mente criminosa que eu já li."[11] Autor imaginativo, esse estadunidense de Anadarko deixou mais de trinta romances em meio a uma vida atribulada pela frequente mudança de endereços e de um ganha pão variado. De ascendência irlandesa por parte de pai e índio por parte de mãe, James Thompson Meyers fez um bocado de coisas para sobreviver em diversas cidades nas quais curtiu os seus 71 anos de vigilância e poesia. Cáustico, o criador de *The Getaway* (A Fuga, 1941) se esmerou na arte de derrubar máscaras. A crítica especializada em *pulp fiction* sustenta que Thompson é responsável por pelo menos três obras-primas do gênero: *The Savage Night* (Noite Selvagem, 1953), *A Hell of a Woman* (Um Inferno de Mulher, 1954), *O Assassino em Mim*. No último, Thompson repete uma das cenas malditas de sua obra, aquela coisa do sujeito queimar a mão do outro ou da mulher, com um charuto aceso. Essa ave rara tinha o desplante de viver dizendo: "Just you wait'll I become famous after I'm dead about ten years" (Apenas aguarde até eu ficar famoso, uns dez anos após minha morte)[12]. A premonição bingou. Sua mulher, seus filhos, seus herdeiros são hoje os donos de uma obra e os responsáveis por zelar pelo valor de sua cotação no mercado autoral. Thompson foi para a tela sete vezes com: *The Getaway* (*Os Implacáveis*, 1972), de Sam Peckinpah; *O Assassino em*

---

11 A *Planeta* incluiu em uma das orelhas de sua edição de *O Assassino em Mim* os depoimentos de Kubrick e de Stephen King.

12 Algumas das histórias de Jim Thompson são contadas por Kubrick em suas entrevistas, confirmando que ambos, por um determinado tempo, foram muito próximos. Christiane Kubrick disse-nos que Jim Thompson foi se afastando dos amigos, preferindo a companhia do álcool e da solidão.

Mim (1976), de Burt Kennedy; *Pop 1280*, de Bertrand Tavernier, com o título de *Coup de Torchon*, 1981. A novela foi publicada no Brasil como *1280 Almas*[13]. Houve ainda *The Grifters* (Os Imorais, 1990) de Stephen Frears, o melhor deles. Em 1991, James Foley dirigiu *After Dark My Sweet*. Já em 1994, Roger Donaldson repetiu a dose e assassinou *The Getaway*, traduzido no Brasil como *A Fuga*. Por fim, *The Killer Inside Me* conquistou um bis por Michael Winterbottom, em 2010.

Os diálogos de *O Grande Golpe* e *Glória Feita de Sangue*, de autoria de Jim Thompson, são imaginativos, dramáticos, descomplicados. Kubrick deixou isso bem claro, pois quando enumerou seus escritores prediletos lembrou-se de citá-lo ao lado de Kafka, Hemingway, Stendhal, Balzac, Conrad, Thomas Pynchon, Charles Dickens e Tolstói. (Em uma segunda lista, o diretor omitiu Thompson e incluiu Calder Willinghan.) A figura de Jim Thompson foi marcante para Kubrick. As afinidades não se restringiam apenas no campo profissional, mas também na maneira de encarar a vida. Sem falar que ambos tinham um fraco por psicopatas. Do ponto de vista literário, o fascínio durou muito tempo. Lê-se *Os Imorais* de um fôlego só. Kubrick era ligado nessas coisas. Admirava os artistas que enfeitiçam o público. Respeitava os mágicos que esquentam o ritmo da arte, admirava essa gente, daí o seu fascínio pela publicidade.

Jim Thompson e Kubrick compartilharam de um senso de humor parecido: riam das mesmas piadas. O enxadrista acendia seus olhos negros contando aquela do delegado Lou Ford no livro *O Assassino em Mim*. Ao longo da obra, Lou Ford revela mais de uma vez que o sonho de todo estadunidense era colocar vinte milhões de negros dentro de um navio e mandá-los de volta para África. Essa era a história que Kubrick gostava de contar nos intervalos das filmagens. No caso, ele acrescentava que o sonho do cidadão médio de seu país era ver os negros voltando a nado para a África, cada um levando dois judeus debaixo do braço... O único livro de ficção que Kubrick escreveu foi *Lunatic at Large* (Lunático em Liberdade), uma *pulp fiction* criado em parceria com Jim Thompson. Desejamos de coração que as partes se entendam e esse livro tão prometido seja afinal publicado.

---

13 Trad. Daniel Pellizzari, Rio de Janeiro: Ediouro, 2015.

Na *pulp fiction*, a personagem ou é assassina ou cúmplice de algum crime. Trata-se de uma literatura que fala bem do policial, mas não ignora que poder e corrupção são almas gêmeas. A *pulp fiction*, de modo geral, embarcou na canoa de humanizar o bandido e até de transformá-lo em filósofo. Do alto de sua sapiência, os criminosos mostram que não são apenas indiferentes à sociedade, mas superiores a ela. O guru Maurice arriscou uma parábola em *O Grande Golpe*: "Sabe, eu costumo pensar que o gangster e o artista são os mesmos aos olhos das massas. Eles são admirados e idolatrados. Todavia, há sempre um desejo sublinhado em vê-los destruídos no auge de sua glória."

A *pulp fiction* retrata um mundo desgovernado à mercê da degradação. A mensagem que sobra de sua polpa é a impossibilidade de determos a sanha do irracionalismo. Esses temas caros a Jim Thompson e a Stanley Kubrick vão encontrar um interlocutor no cinema atual na figura de Quentin Tarantino.

Quando se fala em inovação no cinema de hoje, esse é o nome que se destaca. O diretor nascido em Knoxville abraçou o elogio das individualidades e o desnudamento do moralismo, rompendo com certas normas do melodrama *made in Hollywood*. Tarantino aderiu rápido à ideia de que a função artística do cinema foi rebaixada a categoria de acessório. Logo se firmou como um inventor de um ritmo e de um estilo próprios.

Para ele, a realidade deixou de ser a referência, a referência agora é apenas o modelo absorvido. O cinema dos valores transcendentais não interessa mais. A maré dominante são os filmes cosméticos. Bem fotografados, bem montados, bem produzidos, bem interpretados e nada mais do que isso. Portanto, a velhinha que dá bengaladas nos espectadores quando os filmes ficam muito "cabeça", respira aliviada, afinal, ela irá usufruir do autêntico deleite de certa leveza escapista. Então não estranhe se a esta hora, o bom menino nascido em Knoxville estiver em reunião fechada com os pesquisadores de tendências: os cães farejadores das carências das ruas. Por certo, o futuro dele está garantido. Tarantino foi eleito para fazer e moldar o cinema pós-Barack Obama. Embarcou fundo na serialidade: a produção atomizada da indústria cultural e nos parece tranquilo ao brincar com o fim do cinema de arte. O precipício no qual o ator

Quentin Tarantino, após morrer, despenca abismo abaixo em *Django Unchained* (Django Livre, 2012) e de onde nunca será desenterrado dispensa maiores comentários. A característica marcante de seu trabalho, em termos formais, é misturar no mesmo balaio elementos da realidade mais o imaginário do *mass media*. No seu cinema, pode quase tudo. Se calhar, o rei do pastiche põe o pica-pau discutindo com o gato doutorado em Godard num acirrado debate acadêmico. Para alguns, isso é *overdose*. Para outros, de estômagos mais fortes, é curtição da melhor espécie. E, de fato, o que não podemos negar é que o ritmo de seus filmes esfola a pele:

> KUBRICK: Já viu *Pulp Fiction*?
> FREDERIC RAPHAEL: Já. Gostei muito. E você?
> K: É um filme que precisamos levar em consideração, eu acho.
> FR: Em que sentido? Fazer todo mundo dizer "caralho" o tempo todo?
> K: Do jeito que foi contado.
> FR: Gostei do filme, mas acho que nossa história não precisa de um gancho como o dele, não é?
> K: O ritmo. Observe o ritmo.[14]

O diálogo acima ocorreu entre Kubrick e Frederic Raphael, o roteirista de *De Olhos Bem Fechados*: "O ritmo. Observe o ritmo." A opinião do vendedor de balões vem a calhar nesses tempos de filmes bem narrados, mas bobos de dar pena. Woody Allen se divertiu em *Hollywood Ending* (Dirigindo no Escuro, 2002). Nesse petardo gargalhante, Allen dá por certo que a regra é assim: bons artesãos, *pero muy pobrecitos de cabeza*. Ele brincando de diretor ceguinho é pedrada na vidraça. A propósito, sobre a onda superficial que tomou conta da Terra, ficou sem resposta a questão formulada por certo montador: "o nosso corpo, a nossa respiração, a nossa digestão não mudou. Por que os filmes se mostram cada vez mais rápidos?"[15]

14 Frederic Raphael, *Kubrick: De Olhos Bem Abertos*, trad. Lidia Cavalcante-Luther, São Paulo: Geração, 1999, p. 100.
15 Kubrick contou essa história a Michel Ciment, mas não citou o nome do montador. Depoimento em Le Cinéma de Stanley Kubrick: Entre raison et passions. Conferência por ocasião da exposição "Stanley Kubrick", na Cinemateca de Paris, de 21 mar. a 22 jul. 2011.

Entre o aparecimento do cinema de Tarantino e os primeiros longas de Kubrick já havia se passado quase meio século. Apesar desse tempo todo, foi uma coisa bem lá de trás que os aproximou. Nascido em 1962, Tarantino virou, remexeu, viu tudo que era VHSs e depois DVDs e na sua estreia em *Reservoir Dogs* (Cães de Aluguel, 1992) atirou-se no colo do velho garoto do Bronx. Tarantino se ligara no *Grande Golpe*, impressionara-se com a traição em *close-up*, os corpos estirados no chão depois de se fuzilarem mutuamente. Cabe lembrar que Tarantino dedicou *Cães de Aluguel* ao ator Timothy Carey.

Kubrick será sempre uma referência para o estudo do homem, da sociedade e da história. Segundo Martin Scorsese, um filme seu

é equivalente a dez de outro diretor. Isso o difere de Tarantino que mergulhou de cabeça na ligação direta com o público. Até os tatus se sensibilizam com a cintilante narrativa de Steven Spielberg, Quentin Tarantino, James Cameron, George Lucas, Christopher Nolan, pois, esses atilados meninos se apropriaram da lira hipnótica. Nada contra isso, mas, alto lá, não dá para fugir da noção de que eles são pequenos diante da complexidade de Kubrick. Os pesos de suas obras não se comparam. Kubrick espelha a realidade. Sua arte esfola o cérebro. O crítico André Bazin escreveu que "o cinema é um véu de Verônica sobre o rosto do sofrimento humano"[16]. Toda vez que essa definição de cinema nos vem à cabeça, pensamos no monstro de coração mole[17].

16 André Bazin, *Cahiers du Cinéma*, n. 4, 1951.
17 A campanha publicitária de *O Grande Golpe* seguiu a tendência da época. Visualidade confusa, ilustração brigando com as letras, manchetes em excesso, títulos banais como *In All Its Fury and Violence* (Em Toda Sua Fúria e Violência) e *splashs* em profusão. Porém, um dos pôsteres é extremamente bem produzido. É aquele que mostra a atriz Marie Windsor de pé, num elegante vestido longo e decotado, olhando para baixo, exatamente onde estão reunidos os cinco membros da quadrilha. Cada um deles é identificado por um quadrinho, com o nome do ator e da personagem. Ladeando o rosto de Marie Windsor temos um intrigante título. À esquerda, *These 5 Men Had a $2.000.000 Secret Until* (Esses 5 Homens Tinham Até Então um Segredo de $2.000.000). À direita, *One of them told this Woman* (Um Deles Disse Para Esta Mulher). E reparem esse outro detalhe, todos os homens estão olhando para baixo, para onde o diagramador enfiara o "pergaminho" contendo a frase: *see them all inall their fury in* THE KILLING. *Like no other picture since* SCARFACE *and* LITTLE CAESAR (veja-os em toda a sua fúria em O GRANDE GOLPE. Como em nenhum outro filme desde SCARFACE E O PEQUENO CÉSAR). Publicitário é um ser terrível. O sujeito ainda arrumou espaço para reforçar os nomes das estrelas: Sterling Hayden, Coleen Gray e Vince Edwards. O fundo do cartaz tem um leve tom cinza e o "pergaminho" entra vazado, num amarelo desbotado. O diretor de arte usou fotos, mas deu um banho de *ecoline* para contrastar. Deve ser uma peça disputada por colecionadores. Fazendo parte da campanha há um anúncio a quatro cores. Leiaute estilo "saia e blusa". Na parte de cima, uma ilustração da cena dos bandidos mortos e do único sobrevivente. A manchete diz *$ 2.000.000 Pay-Off?*" (Vale $2.000.000?) No bloco do texto aparece a ficha técnica, mas sem o nome de Jim Thompson. Resultado: o tempo fechou, o "índio" soltou os cachorros em cima de um Stanley envergonhado.

UM
CLÁSSICO
DE
GUERRA
NA
MIRA
DA
CENSURA

5

UM CLÁSSICO DE GUERRA NA MIRA DA CENSURA

Quem diz não mente
na mão de um fraco
sempre morre um valente.

NELSON CAVAQUINHO[1]

P*aths of Glory* (Glória Feita de Sangue) conquistou uma legião de admiradores. O filme é sobre o encontro com o horror dos demos fardados. Sua ação se desenvolve em dois *fronts*. Na solidão das trincheiras e no luxo dos castelos onde tudo é muito elegante menos o perigo de alguém lhe cravar uma faca nas costas. Kubrick, na época, estava com 28 anos, a mesma idade de Orson Welles quando dirigiu *Cidadão Kane*.

Baseado em fatos reais, *Glória Feita de Sangue* é uma adaptação do romance de Humphrey Cobb, roteirizada a seis mãos: Jim Thompson, Calder Willingham e Kubrick ao custo de menos de um milhão de dólares[2]. A obra aguçou o apetite dos trogloditas de plantão. Proibiram sua exibição na França, Espanha, Suíça, Bélgica, Israel, além de haver sido excluída do Festival de Cinema de Berlim e censurada em todas as bases militares ocupadas por forças ianques em países estrangeiros. Cabe observar, por exemplo, que a *Marseillaise* entrou e saiu algumas vezes da trilha sonora do filme. Acabou ficando apenas na versão DVD.

O que diabo *Glória Feita de Sangue* tinha de tão ameaçador? Ele revelava a depravação de oficiais do exército francês durante a Primeira Guerra Mundial que, para se eximirem da culpa pelo fracasso

---

1   "História de um Valente", Samba de Nelson Cavaquinho e José Ribeiro de Souza, Rio de Janeiro, sem data.
2   *Paths of Glory*, New York: Penguin, 2010.

do ataque ao Morro do Formigueiro, em 1916, no Vale do Marne, convocam o Conselho Militar para que esse cometesse a infâmia de condenar três bodes expiatórios ao paredão. O recruta Arnaud, o cabo Paris e o soldado Ferol.

La Grande Illusion (A Grande Ilusão, 1937), de Jean Renoir; *The Deer Hunter* (O Franco Atirador, 1978), de Michael Cimino; *All Quiet on the Western Front* (Sem Novidade no Front, 1930), de Lewis Milestone; *Lawrence of Arabia* (Lawrence da Arábia, 1962), de David Lean; e *Apocalipse Now* (1979), de Francis Ford Coppola, são algumas das preciosidades que projetaram na tela as mais dramáticas imagens de nossas catastróficas guerras. Kubrick visitou essa terra por quatro vezes. Primeiro em *Medo e Desejo*, depois em *Glória Feita de Sangue*, depois em *Dr. Fantástico* (1964), no qual, em tempos de *detente*, amou a bomba e cantou o apocalipse. Encerrando a viagem pelo gênero, o diretor filmou o seu Vietnã. *Nascido Para Matar* é um torpedo na idiotia que incentiva o homem a permanecer primata.

Cumprindo ordens superiores, o coronel Dax (Kirk Douglas) comandava a missão suicida que resultaria na mentirosa acusação de que os soldados se acovardaram e que por essa razão, três deles deveriam ser fuzilados: o recruta Arnaud (Joseph Turkel), o cabo Caporal Paris (Ralph Meeker) e o soldado Ferol (Timothy Carey). Os últimos momentos dessas personagens nos propiciam o espetáculo do cinema refletindo sobre o significado da vida. Ferol fora contaminado pelas lágrimas; Paris, personagem notável, mira fixamente os canos dos fuzis que o matarão e Arnaud, inconsciente, leva para a eternidade a sua fé inabalável de que Deus e a moral são cenários de ficção porque se pertencessem à realidade, já teríamos aprendido alguma coisa. Na hora em que conversam com o padre (Emile Meyer) está em cena a verdade do filme. Desesperado, Ferol mata a barata para que o inseto não estivesse vivo na manhã do dia seguinte quando ele já seria um homem morto. Arnaud prefere não falar com o capelão que viera para a extrema-unção, diz ao padre que não quer a hóstia e explica as suas razões em um discurso lúcido, factual, lógico. Cena dramática, logo quebrada por um comentário jocoso do cabo Paris: "há três dias que nem penso em mulher..." O crítico brasileiro Sérgio Rizzo afirmou em uma de suas aulas, que a película carrega uma explosiva dose de testosterona[3].

Glória Feita de Sangue apresenta semelhanças com um faroeste dirigido por William A. Wellman, *The Ox-Bow Incident* (Consciências Mortas, 1943). Esse foi o único bangue-bangue que Orson Welles ficou tentado a dirigir, logo que saiu o livro em 1941. Wellman narra a agonia de três vaqueiros inocentes prestes a morrer acusados de um crime que não cometeram. Contudo as reações dos linchadores são opostas. Em *Glória Feita de Sangue*, o elegante demo general Broulard (Adolphe Menjou), permanece irradiando contentamento e segue conspirando, pois realiza a perfídia de oferecer o lugar do general Mireau (George Macready) ao coronel Dax. Este, que felizmente tem poucas falas, sai-se bem quando enfrenta Broulard, chamando-o de degenerado e velho sujo. Eloquente discurso, mas o caso do general era incurável. Broulard pertence àquela espécie de homem que se abaixa para pegar a máscara que caíra no chão e sem cerimônia, como quem toma um gole de *poire*, põe o disfarce de novo no rosto e vai valsar. Kubrick convidara o veterano Adolphe Menjou sem entrar em detalhes sobre o caráter da personagem que o ator iria interpretar. Menjou foi um dedo-duro no estilo Walt Disney, daquele tipo que bate no peito, orgulhoso por delatar seus colegas de profissão ao House Un-American Activities Committee do senador Joseph McCarthy. Cá para nós, a escolha de Menjou não foi mera coincidência.

No filme de Wellman, quando os linchadores descobrem que mataram três inocentes emudecem, embriagam-se e, desgraçadamente, tentam fazer de conta que nada aconteceu, com exceção do líder do grupo, o ex-major Tetley (Frank Conroy), que se suicida com um tiro na cabeça.

O sofrimento dos três soldados condenados à morte produz uma tensão sufocante. A câmera espia o tribunal canalha. Cena forte: os julgadores afiando seus tridentes enquanto os julgados, sentados, acompanham a sentença, em silêncio. O que aconteceu no castelo Schloss Schleissheim não merece registro. O coronel Dax, advogado na vida civil, tenta conduzir a defesa, mas todas as suas palavras são vãs. Chamamos a

---

3 Curso ministrado como parte da programação da exposição "Stanley Kubrick" realizada no Museu da Imagem e do Som de São Paulo, em novembro de 2013.

atenção para a semelhança entre essa cena e a hora da condenação dos vaqueiros em *Consciências Mortas*: a vergonha inominável que ocorreu na fortaleza medieval se repete na garganta do desfiladeiro em Nevada, 1885. Significativo registro do olho cinematográfico de dois estadunidenses, o "direitoso" William A. Wellman e o liberal Kubrick.

Na lista de seus dez melhores filmes, *Roxie Hart*, traduzido no Brasil como *Pernas Provocantes*, dirigido por Wellman, figura em nono lugar. Eis a relação completa: *I Vitelloni* (Os Boas Vidas), de Federico Fellini; *Smultronstället* (Morangos Silvestres), de Ingmar Bergamn; *Cidadão Kane*, de Orson Welles; *O Tesouro de Sierra Madre*, de John Huston; *City Lights* (Luzes da Cidade), de Charlie Chaplin; *Henry v* (Henrique v), de Laurence Olivier; *La Notte* (A Noite), de Michelangelo Antonioni; *The Bank Dick* (O Guarda), com W.C. Fields; *Pernas Provocantes*, de William A. Wellman; *Hell's Angels* (Anjos do Inferno), de Howard Hughes[4]. Interessante o gosto de Kubrick: seis filmes foram produzidos nos Estados Unidos e quatro são europeus, dois italianos, um sueco e um inglês. Há outra lista em circulação na internet onde o diretor mescla títulos antigos e contemporâneos. Entre eles: *O Bebê de Rosemary* (1968), de Polanski; *La Ronde* (1950), de Max Ophuls; e um bem antigo, *Körkarlen* (A Carruagem Fantasma, 1921), do sueco Victor Sjöström. A lista incluiu *Solaris* (1972), do russo Andrei Tarkóvski, um tapa de pelica do gigante, pois Tarkóvski declarara que *2001: Uma Odisseia no Espaço* era um blefe, frio e estéril.

Há uma curiosa coincidência entre *Consciências Mortas* e *Glória Feita de Sangue*. Nos últimos minutos do primeiro filme, o bom ator – desde os tempos de *The Westerner* (Galante Aventureiro, 1940) – Dana Andrews lê uma carta cujo teor tem a ver com a cena em que Susanne Christian (nome artístico de Christiane Kubrick) canta "Der treue Husar", comovendo não somente a plateia de soldados franceses, mas os espectadores de todo o mundo.

A guerra contra as outras nações é o instante em que o homem de boa-fé luta por aquilo que, crê, sejam os seus princípios. Não precisou muito esforço para Chaplin e outras celebridades de Hollywood reunirem milhares de americanos em praças públicas para arrecadar

---

4   A lista é de 1963, feita a pedido da revista americana *Cinema*.

dinheiro para o país combater os alemães usurpadores. Pouca serventia teria essa generosidade, porque não faríamos parte do poder comandado pelos senhores da guerra. *Glória Feita de Sangue* é um deserto de grandeza da alma. Kubrick mostra-se destroçado por conta do lamaçal que despeja em cima de nós. Suas imagens reproduzem a guerra materializada pela perspectiva do olho dos soldados em combate no *front*. Esses soldados se desdobram em lamentos como se estivessem velando cada um de seus companheiros que tombam por nada enquanto o diretor vai limando sua visão sobre o horror. A propósito de realismo, o cineasta Samuel Fuller observou ser impossível filmar decentemente o Dia D por causa dos milhares de metros de intestinos submergindo nas praias da Normandia.

Guiado pela lente do real, o monstro filmou a esterilidade do caráter dos senhores da guerra que pactuam para que todos os arranjos sejam possíveis, principalmente, os mais abjetos. Kubrick esmiuçou em 88 minutos o lado mais vergonhoso dessa coisa que se diz humana e que produz a anomalia chamada *justiça militar*.

Em *Glória Feita de Sangue,* como na estrofe do sambista brasileiro Nelson Cavaquinho, morre o valente e fica o fraco para fazer o jogo da infâmia. Nas imediações das trincheiras, o diretor introduzira uma personagem imaginária. De tocaia, o *serial killer*, apoiado na parede da invisibilidade, nos apavora por sua incrível pontaria. A mortandade é aterrorizante. A câmera de *Glória Feita de Sangue* filma larvas e não seres humanos, larvas líquidas, pois as imagens são molhadas, há sempre uma névoa recortando as silhuetas prestes a desaparecer. O grande problema do gênero filme de guerra é que seus exemplares soam falsos. Contudo, isso passa ao largo de *Glória Feita de Sangue*. O vendedor de balões descobrira o jeito de transmitir realismo, pois o realismo é somente um meio, um recurso abstrato, um suplemento que intensifica o sentido do que o realizador pretende comunicar. Disse-o bem o escritor e roteirista Frederic Raphael: "Antes de *Glória Feita de Sangue,* quem já vira a qualidade do ar sendo filmada? A poeira da luz do sol dentro do *chateau* deu à tela algo que até Orson Welles jamais conseguiu."[5] O filme ganhou

---

5   *De Olhos Bem Abertos*, p. 52.

uma legião de fãs. Woody Allen até hoje afirma que *Glória Feita de Sangue* é o seu Kubrick favorito[6]. Ele tem razão, é ainda possível ouvir o estertor dos moribundos.

Como era de costume, Kubrick improvisou. A cena do final do filme, os soldados franceses ouvindo a cantora alemã, surgiu no meio das filmagens. ele dava pulos de alegria. Havia encontrado um papel para a noiva: ele estava mordidamente apaixonado. A linda e jovem cantora alemã que caíra prisioneira dos franceses comoveu a humanidade ao interpretar uma canção de amor deveras popular na Alemanha. A paixão produz milagres: foi tanto amor que o diretor casou com a moça e não desgrudou da cantante por 42 anos. Quanto aos beijos, *Glória Feita de Sangue* é um deserto de afetos, as personagens se maltratam, se agridem e se matam. Cenas de amor, na verdade, apenas no *set* de filmagem onde Kubrick cortejava a atriz Susanne Christian. Ela escreveu um comentário emocionado:

> Quando eu casei com ele, sabia que havia embarcado em uma grande, ousada e romântica aventura. Quando ele morreu, eu não sabia como viver sem ele. Eu continuo sem viver, sem ele. Sua voz está em minha cabeça, sua imagem em meus olhos. O longo diálogo continua. Eu continuo seguindo seu conselho. Eu amei e admirei seu jeito de viver. Ele jamais foi entediante ou banal. Se eu disser da sensação de estar em uma viagem rio abaixo, as margens do mundo em uma névoa, as pessoas vão rir de mim por excesso de clichês. Contudo, eu estou apenas refletindo minha memória com precisão.
>
> É muita sorte minha que o amor e carinho de Stanley por sua família tenha a mesma intensidade que seus filmes tiveram.[7]

E assinou embaixo, Christiane Kubrick, 1999. Mãe de Katharina, de Anya Renata (1958-2009), de Vivian Vanessa e companheira de Kubrick por uma vida inteira.

O cinema interpreta o fato histórico de modos distintos. *A Grande Ilusão*, de Jean Renoir, é um momento maior de autenticidade no

---

[6] Eric Lax, *Woody Allen*, trad. Giovani Mafra e Silva, São Paulo: Companhia das Letras, 2009.

[7] Em A. Castle (ed.), *The Stanley Kubrick Archives*, p. 544.

cinema e *Glória Feita de Sangue* é amarga denúncia do lixo humano nos bastidores da guerra. O filme nos conta uma história cultivada no esterco da maldade e *A Grande Ilusão* reproduz a voz da dignidade em meio da mortandade. Cabe lembrar um fato curioso, o presidente Franklin Delano Roosevelt, em praça pública, mandou o povo de seu país assistir à obra-prima do diretor francês.

Renoir explora a elegância moral de suas personagens, a sua guerra parece muito mais humana e ficamos pensando que ela, felizmente, seria o último grande combate na face da Terra. Enquanto isso, Kubrick permanecia incisivo. Parafraseando o diretor de cinema Dziga Vertov, era como se Kubrick estivesse dotado de um "olho armado" que registra não o sofredor individual, mas o coletivo.

A palavra apropriada para qualificar *Glória Feita de Sangue* é indignação. A maneira como Kubrick dramatizou seu quarto longa-metragem levou o crítico Gene D. Phillips a perguntar se o cineasta odiava a raça humana e ele lhe respondeu o seguinte: "Deus meu, não. Não se deve generalizar porque alguém reconhece os absurdos e os defeitos das pessoas. Sigo acreditando que a raça humana pode continuar evoluindo. O epílogo de *Glória Feita de Sangue* sugere um viés de esperança."[8]

O gigante excedera-se na generosidade. O fim de *Glória Feita de Sangue* nos parece mais esgotamento do que qualquer outra coisa. Depois dali, os soldados embarcariam numa viagem sem volta. Portanto, se trata de uma triste resignação e não de esperança.

Lembremos da afirmação: "Nosso país tem que escolher entre a supremacia mundial e a decadência. Para conseguir a primeira é necessário combater, ampliar as nossas zonas de influência e anexar novos territórios".

Quem escreveu isso? Ora, por sua incrível atualidade, a autoria só poderia ser de alguma sumidade do Pentágono. Errado. A fonte vem de longe[9]. O trecho selecionado não poderia ser mais preciso ao falar em "anexar novos territórios". *Glória Feita de Sangue* é uma obra política. Kubrick tentou aliviar sua contundência. Precavido, chegou

---

8   Gene Phillips, Paths of Glory, *Novels into Film: The Encyclopedia of Movies*, ed. James M. Welsh e John C. Tibbetts, 2nd. edition, New York: Facts on File, 1999, p. 321.
9   Cf, Friedric. von Bernhardi, *Germany and the Next War* (1914).

a pensar em mudar o final. Queria que o tribunal militar absolvesse os três soldados condenados ao paredão. O gigante encontrou severa oposição de Kirk Douglas que argumentava que isso enfraqueceria o filme. O ator estava certo. Hoje nas boas listas dos melhores títulos de guerra, *Glória Feita de Sangue* se destaca entre os primeiros colocados. Kubrick deve essa ao seu amigo. Os filmes de guerra são visados pela censura. John Huston amargou duas experiências. *Let There Be Light* (Que Haja Luz, 1945), seu documentário sobre a recuperação de soldados traumatizados, teve sua exibição proibida pela gestapo do espírito. *The Red Badge of Courage* (A Glória de um Covarde), filme de ficção, foi destruído na montagem: Huston renegou a obra. Caso clássico foi o que aconteceu com *Johnny Got His Gun* (Johnny Vai à Guerra, 1971), de Dalton Trumbo, o qual é tão impactante que foi merecedor de uma tática perversa. Nenhum tipo de censura existia para sua exibição, porém não saiu nada, nem sequer uma notinha na coluna de algum jornalista distraído, uma análise crítica, mesmo que discordando, então seria pedir demais. No entanto, quem viu o filme, por certo impressionou-se com a força de sua denúncia. A censura tinha táticas bem sutis. No caso de *Cidadão Kane* policiou-se a distribuição. Nunca uma grande rede exibidora programou esse clássico de Welles por mais de uma semana.

Kubrick não recuou do seu objetivo de produzir uma obra pacifista. A maneira apaixonada como defende a paz atiçou a ira de muita gente. Os senhores da guerra não gostaram de ver a depravação das Forças Armadas exibida publicamente. Restou-lhes a estupidez da censura. Agindo assim, criaram um fato consumado: *Glória Feita de Sangue* é obra eterna, porque só vai envelhecer quando a guerra acabar[10].

10   A propaganda do quarto longa-metragem de Kubrick oscilou entre o convencional e o novo. O pôster é ilustrado por um desenho que reproduz uma cena de guerra: o coronel Dax, revólver em punho, na frente do pelotão. Título grande: EXPLOSIVE! Destaque para o nome de Kirk Douglas e entre aspas *Glória Feita de Sangue*. A outra peça, um volante, flerta com a direção de arte mais moderninha, leiaute onde o diagramador tentou uma composição, misturando o arame farpado e elementos do filme: a arte do perfil de Kirk Douglas, o tambor, as silhuetas dos soldados condenados à morte, a manchete *explosive* em letras garrafais, o nome de Kirk Douglas e na base do anúncio, os demais créditos do filme. É um volante graficamente "arrumadinho", contudo, lhe falta impacto.

ASSASSINATO
NA
TROIKA
E
UMA
POLÍCIA
EM
LONDRES

6

ARRUMOU A TROUXA E ABRIU LOJINHA EM LONDRES

Os proprietários da Harris-Kubrick Pictures enfrentavam uma maré de azar de 24 meses quando, no dia 13 de fevereiro de 1959, um cavalo selado passou na frente deles. Kirk Douglas havia brigado com Anthony Mann e procurava um diretor substituto. Ora, para James Harris e Stanley Kubrick, caiu a sopa no mel e "a dupla dinâmica" não ia virar as costas para um projeto orçado em doze milhões de dólares. Kirk Douglas, que também era o produtor do filme, soube passar a conversa nos rapazes: "vocês vão trabalhar comigo, com Laurence Olivier, com Charles Laughton, Jean Simmons, Peter Ustinov, Tony Curtis, o melhor elenco de todos os tempos. Russel Metty na fotografia, Alex North na batuta, Dalton Trumbo no roteiro, sucesso garantido, dou minha palavra. E sabem quem fará os letreiros, adivinhem? Saul Bass, o mestre Saul Bass!"[1].

Depois dessas belas palavras, Kubrick olhou para James e sorriram pensando na ironia do destino: foi necessário cair no colo deles uma história sobre escravos para que o sonho de um dia se libertarem das mazelas da indústria cinematográfica voltasse a ser cogitado. Diz o dito popular que quando a esmola é grande, o cego desconfia. Foi o que aconteceu. No meio daquela constelação de estrelas, o novato Kubrick penou. Primeiro, a novela de Howard Fast era um panfleto

---

[1] Saul Bass foi o grande mestre do cinema encarregado de fazer das apresentações dos filmes verdadeiros tesouros de rara beleza. Ele e *sir* Afred Hitchcock gostavam de trabalhar juntos. Dupla incomparável. Com Kubrick, o mestre encaçapou, com seu brilho habitual, *Spartacus* e *O Iluminado*.

político de esquerda[2]. Fast, inclusive, pertencia ao Partido Comunista dos Estados Unidos. Isso queria dizer que em tempos de macarthismo era imprescindível "repaginar" a propagação da ideia de luta de classes contida na ficção do escritor vermelho. A coisa complicou porque o nome escalado para amainar o panfletarismo era Dalton Trumbo, outro simpatizante do socialismo. A relação entre o diretor e o roteirista foi problemática. Praticamente trabalharam um em cada canto e, com esse clima, Kubrick tomou a inciativa e meteu a caneta, sem cerimônia. Eram de gerações diferentes. Trumbo se sujeitava a muitas coisas alimentando o sonho de mudar a sociedade mesmo fazendo parte do sistema. Refogado em outra panela, o vendedor de balões tinha para si que a primeira coisa de que ele não podia abrir mão era a liberdade. Durante toda a sua vida, essa foi a sua utopia.

Entre as mudanças que Kubrick fez no roteiro, destaca-se a criação de uma personagem que não existia no livro. Estamos falando de Antoninus, o belo, interpretado por Tony Curtis. O diretor achou que essa personagem esquentaria o enredo. De fato, estabelece-se entre Spartacus, interpretado por Kirk Douglas e Antoninus uma relação pai e filho. Todavia, não nos esqueçamos, o filme também incluía um par de pombinhos apaixonados: Varinia, interpretada por Jean Simmons, e Spartacus representam uma experiência única na filmografia de Kubrick. São o protótipo do casal que se vê em parques de diversões, bastam-se em sua paixão água com açúcar, embalados pela lira de Antoninus. Sua participação vai num crescendo, é da sua boca que sai o "I'm Spartacus". Cena que da noite para o dia galgou o pico da glória, pois instantaneamente rádio, tevê, imprensa transformaram "I'm Spartacus" em bordão. Velhos tempos em que a mídia repercutia a tela... Até hoje esse bordão é invocado. Em agosto de 2012, os manifestantes que se concentraram em frente da embaixada do Equador, em Londres, para expressar seu apoio a Julian Assange, jornalista fundador do portal *Wikileaks*, traziam cartazes com os dizeres "I'm Assange". A mesma coisa na Paris dos primeiros dias de janeiro de 2015 com a expressão "Je suis Charlie".

Durante as filmagens, o estrelismo teve vez. Russel Metty que brilhara na fotografia de *Touch of Evil* (A Marca da Maldade, 1958),

---

2 *Spartacus*, trad. José Sanz, Rio de Janeiro: BestBolso, 2007.

elevava o tom da voz para expressar seu nefando antissemitismo em resposta às exigências do perfeccionista filhote da mamãe Gert... De outro lado, os nobres *sir* Lawrence Olivier e *sir* Ustinov aliados aos plebeus Jean Simmons e Charles Laughton, mais o dono do dinheiro, Kirk Douglas, entraram numa onda de implicar com a falta de experiência do diretor. Finalmente, após seis meses de filmagens e seis de montagem, a "pizza" ficou pronta e fez furor no meio cinematográfico. Na primeira semana de exibição, o épico do jovem "imaturo" faturou 15 milhões de dólares. Pagou a encomenda e ainda restou um lucro para gladiador nenhum botar defeito.

A história de Spartacus é uma mina de ouro. O líder da revolta dos escravos contra o Império Romano em 71-74 a.C. continua fazendo sucesso. Sua lenda melhorada em *Gladiador* (2000), de Ridley Scott, foi piorada nas versões búlgara, britânica e italiana. Em 2008, chegou a ser transformado em série para a tevê americana pela STARZ: *Spartacus: Blood and Sand* (Spartacus: Sangue e Areia). Tornou-se tão popular que virou nome de time de futebol, programa de computador, *videogames*, disco, teatro, ópera, livros, fascículos e até desenho animado na Índia.

Uma das dificuldades que emperrou a produção de *Spartacus* foi que Kubrick não tinha nada a ver com o "realismo socialista" de Howard Fast. Kubrick queria fazer um filme épico com tudo o que o gênero tem direito. Todavia, isso não ocorreu. Basta assistir ao filme para constatar como fica no meio do caminho. No livro, a festa que os escravos fizeram para comemorar a primeira vitória contra o exército romano é um carnaval, mas o que vemos na tela é um velório. Howard Fast esmerou-se no êxtase do gladiador Crixus, no pranto do judeu David, na oralidade festiva do trácio Ganininus, na dança contagiante do africano Draba, nos rodopios de Fairtrax exibindo a espada manchada do sangue dos opressores e na comemoração da destemida Varinia a esbravejar "eu posso lutar como qualquer homem". O escritor Howard Fast usara um filme colorido enquanto o diretor optara por um preto e branco. O resultado final ficou comprometido. Apesar de receber críticas até entusiasmadas, *Spartacus* não honrou o nome do mestre Kubrick. Cenas intragáveis pululam filme afora. A forçada de barra no final pesou: Varinia mostra o filho para Spartacus prestes a morrer na cruz e lhe suplica "Die, please, die!" É isso mesmo, será que ouvimos bem? Michel Ciment assegura que a morte de Spartacus crucificado foi invenção de Kubrick[3].

Dalton Trumbo implorou para que publicassem que ele não tinha nada a ver com aquele final ridículo[4]. Para um intelectual de esquerda como ele, era inaceitável Kubrick maquiar o ímpeto revolucionário do líder dos escravos. Era como se pintasse o retrato de Che Guevara de *pince-nez*, piteira dourada e gravatinha borboleta.

Entre as cenas interessantes realizadas pelo "jovem talento que diz tanta merda", temos o exército romano se preparando para atacar os escravos. É logo no começo da segunda parte, locada nas montanhas da Espanha. Mais de dez mil extras participaram das filmagens. Há também boas tomadas no senado de Roma, cenas que primam por interpretações convincentes, dramaticidade, grafismo e clima. Céus vermelhos, auroras orvalhadas, luzes estouradas, crepúsculos em fogo e o belo momento de Spartacus usando uma túnica verde, que combina com o entardecer filmado em tom de verde mais escuro, para contrastar com a vegetação das montanhas, em 70mm. É igualmente especial a construção da cena em que Antoninus recita o poema. A apresentação do filme desenhada por Saul Bass e a fotografia operada por Russel Metty, com severa vigilância de Kubrick, são primorosas. Pena que o pôster destoa: as fotos das moedas reproduzindo os rostos e os nomes dos atores beiram o cafona.

Quanto aos beijos, eles se inserem no espírito da superprodução. Buscam o romântico, mas caem no lugar-comum. As carícias acontecem na clareira do bosque, depois de Varinia e Spartacus terem se emocionado com a poesia declamada por Antoninus. Deitados no chão, os pombinhos se beijam, rolam pela terra, em êxtase.

Mais tarde, Spartacus e Varinia se abraçam quando o marido ruma para o campo de guerra. Os flagrantes amorosos de *Spartacus* não convencem. O filme é ruim de romance. Uma parte dos críticos gostou de *Spartacus* por se reportar a um fato histórico e não a figuras bíblicas. Chamamos atenção para o articulista que criticou Kubrick porque o diretor tratou *Spartacus* como mito e não como um herói da humanidade.

---

3 Cf. *Conversas Com Kubrick*, p. 58. Em entrevista concedida a Michel Ciment, Kubrick garantiu que foi ele quem resolveu matar Spartacus na cruz e que Dalton Trumbo não teve nada a ver com isso.

4 René Chateau, *Positiv*, n. 64-65, 1964, p. 99.

O articulista estava certo e tem outro detalhe: falta ao filme uma identidade. A obra cambaleia entre o romântico e o revolucionário. Houve até uma tentativa de engajamento, pela maneira como Kubrick critica o autoritarismo, a corrupção e a promiscuidade que reinavam entre os romanos. Contudo, por certo, nem ele próprio ficou satisfeito. A verdade está bem clara em sua declaração:

> *Spartacus* é o único filme em que trabalhei como empregado e em uma situação assim, o diretor não tem verdadeiros direitos, a não ser o direito da persuasão. Terminei por descobrir que isso não significava nenhuma vantagem. Em primeiro lugar, muitas vezes você não consegue convencer e, em segundo lugar, mesmo se consegue, você perde tanto tempo que resulta ridículo.[5]

Perto do fim do filme, Spartacus diz que Antoninus, morto, voltará e será milhões. No entanto, a cena é tímida em relação ao que estava no livro, na qual quem protesta é o gladiador Fairtrax ladeado por seis mil e quinhentos combatentes, mulheres, velhos e crianças crucificados, sem roupas, ao longo da Via Ápia. O diretor também sumiu com a questão mais revolucionária da biografia levantada por David, o gladiador judeu, excluído da história: "Por que falhamos? Companheiros, por que falhamos?"[6] Ou seja, o filme era para ser daquele jeito mesmo, isto é, insípido, inodoro, incolor. Para Kubrick não sobrara outra opção senão jogar as bobinas de *Spartacus* na gaveta dos esquecidos já de olho no esquema de produção que montara na Inglaterra. Não é muito grave, mas temos que admitir que o novato foi envolvido pelo jogo pesado das produtoras. Na sua carreira, *Spartacus* foi o dia em que Kubrick se "disneirizou".

5   Em entrevista a Terry Southern, reproduzida em A. Castle (ed.), *The Stanley Kubrick Archives*, p. 340.
6   Pelo visto, o escritor Howard Fast apreciava bastante o heroísmo épico do escravo judeu David. A página 297 de *Spartacus* (edição brasileira) ferve e quase explode.

SUA
PERDIÇÃO
NÃO
FOI
LOLITA,
FOI
PETER
SELLERS

V

SUA PERDIÇÃO NÃO FOI LOLITA, FOI PETER SELLERS

Seus primeiros longas-metragens lhe deram visibilidade. *Glória Feita de Sangue* tornou-se um *cult*, entre os filmes de guerra. *O Grande Golpe* ganhou elogios dos maiorais da crítica. *Spartacus*, o mais fraco deles, rendeu algum dinheiro e lhe permitiu o acesso às muralhas de Hollywood, mas a glória cinematográfica foi coisa da menina *Lolita*. Ela virou a cabeça do diretor. O filme que Kubrick fez da novela de Vladimir Nabokov é uma carruagem que transporta um cometa que de repente para e toma a forma de um ofuscante arco-íris. O filme já começa pelo avesso: o carro no meio da névoa, o cavalheiro elegante que desce do automóvel e entra na mansão, empunhando um revólver prestes a cometer um crime passional, o homem procura alguém, um fulano chamado Clare Quilty, que está enrolado num lençol e eles trocam suas primeiras palavras. Quilty querendo ganhar tempo, desembucha uma piada cretina sobre *Spartacus*, mas o agressor está com pressa e dispara tiros intimidativos, um deles doeu, porque acertou na luva de boxe que o farsante calçara. É preciso dizer que o distinto senhor se chama Humbert Humbert, professor de literatura francesa em cidadezinhas do interior dos Estados Unidos. Sua vítima, Clare Quilty, como já falamos, é um farsante que não vale um dólar furado, pois naquele pânico todo, diante do agressor que lhe apontava uma arma, o maldito, rápido como um camundongo, dá um jeito de encontrar um banquinho de piano e nele se sentar para, safo, dedilhar uma abertura de Chopin. Porém, não foi suficiente para

Humbert, interpretado por James Mason, entrar no jogo do impostor por quem a ninfetinha se apaixonara. Fim de papo, vou te dar um tiro, decadente escritor, roteirista rocambolesco, dramaturgo de araque, ator canastrão, *bye-bye* Quilty, traste que roubou a luz da minha vida, a labareda em minha carne. Nesse instante, o quarentão aperta o gatilho e comete o crime. Naquele instante, Humbert Humbert naufraga na dor, é um homem condenado. Nunca esquecerá o momento em que ao perguntar se Quilty conhecera uma garota chamada Dolores Haze, a "Lolita", o canalha suspirou antes de gemer que conhecera e muito bem o pequeno e fatal demônio.

Sem querer desmerecer qualquer mérito do romancista, porém nunca lhe passaria pela cabeça uma sequência dessas entre Humbert Humbert e Clare Quilty. O molho preparado pelo *chef* Kubrick e por Peter Sellers vem de receita rara, banhada com o precioso ouro da sagacidade. O improviso praticado nesse filme foi um ato de extremo despojamento. Lembramos que *Lolita* é de 1962, época em que ainda não existia o *playback* de vídeo. Por certo Peter Sellers, no papel de Clare Quilty, improvisou mais do que em *Dr. Fantástico*[1].

Em 1955, o jornal *The New York Times*, que tinha Kubrick como um de seus leitores, quebrou o gelo que se tinha armado em torno da ficção "pornográfica", publicando uma crítica favorável à *Lolita*, pois onde já se viu um velho pé-rapado fazer sexo com um raio de luz de treze aninhos? Antenados, o produtor James B. Harris e o diretor Kubrick, com o dinheiro da bilheteria de *Spartacus*, compraram o direito de adaptar a novela para o cinema, mas alto lá, era preciso tomar cuidado com a censura. Uma das providências foi rodar o filme com uma atriz de catorze primaveras que aparentasse mais idade, Sue Lyon. Apesar das incipientes manifestações a favor da arte livre, a hipocrisia, na sua forma mais odienta, que é o falso moralismo, navegava de braçadas na sociedade estadunidense.

---

1   Certa tarde no MIS, em São Paulo, por ocasião da exposição "Stanley Kubrick" em 2013, perguntamos a Christiane Kubrick se era verdade que o marido dela rolava no chão com as brincadeiras que Peter Sellers fazia durante as filmagens de *Lolita*. Ela confirmou a informação e mais tarde nos fez uma interessante revelação: Peter Sellers, igual a Stanley, tinha uma mãe judia problemática, mas que era também uma leitora de mão cheia.

Na Inglaterra, país onde fora rodado o filme, não era diferente. O conservadorismo ululante reinava na terra da rainha. No singular ano de 1955 aconteceu, em Londres, a primeira retrospectiva do pintor irlandês Francis Bacon. Para a exposição ser liberada as autoridades ordenaram que fosse excluído do catálogo o quadro de dois homens desnudos, lutando na grama. No dia da inauguração da mostra, a polícia foi ao local para ver se os curadores respeitaram a recomendação. Em termos de blindagem a seu autoritarismo, o Reino Unido mostra-se competente. Essa exposição foi varrida da história da arte moderna britânica. Não há registros do evento, fotos nem pensar. Claro que não foi o homem nu que incomodou e sim as figuras de Francis Bacon representando os papas e os homens de negócios.

Nos Estados Unidos era liberado o casamento para a mulher de doze anos, mas se a união não tivesse fé pública seria considerada crime. Por volta da década de 1960, em St. Louis, Cincinnati e Chicago foram celebrados diversos casamentos de meninas no décimo segundo ano de vida. Para sorte dos donos dos direitos autorais, *Lolita* tornou-se o romance de referência da revolução sexual do mundo moderno. Sua história encarna dualismo, repressão e beleza, ingredientes altamente estimulantes para Kubrick cozinhar suas iguarias, preparando um picante cardápio contendo impulsos éticos e pervertidos em conflito com obsessões sexuais extremas no plano do consciente e do inconsciente.

O primeiro roteiro foi escrito por Vladimir Nabokov. Eram quatrocentas páginas, inviável. O cineasta e o sócio então desenvolveram outro *script*, aproveitando muito pouco do catatau de Nabokov. Não sabemos até que ponto Kubrick seguiu fielmente o original criado em dupla com Harris. Imaginamos que bastante coisa mudou à medida que o diretor e Peter Sellers amadureciam seu relacionamento. O certo é que a mágica funcionou. Clare Quilty aparece apenas uma meia dúzia de vezes, mas está imbatível. Sua primeira aparição ocorre no começo do filme, para ser assassinado na mansão onde morava. A segunda acontece no bailinho da escola, o conquistador surge acompanhado por uma moça interpretada por Marianne Stone, que não abre a boca, mas é dona de um olhar que entrega tudo. Quilty aparece pela terceira vez no Hotel Caçador Encantado, fazendo-se comicamente passar por um policial. Na quarta vez, imita um psicólogo, o germano dr. Zemph que fala inglês com sotaque alemão. Sua última aparição se dá durante a cerimônia de estreia da peça na qual Lolita atuara como atriz, em tomada rápida, mas o suficiente para se perceber que a personagem gozava de regalias recreativas.

Lolita foi o primeiro filme de Kubrick produzido na Inglaterra. Anos mais tarde, o cineasta foi morar num sítio distante, que ficava a duas horas de Londres, onde viveu com a família e o bando de gatos e cachorros até seus últimos dias. Interessante o começo de *Lolita:* o carro na estrada, em meio a uma densa nuvem de *neblina* e, na sequência, o avião no ar fazendo o trajeto inverso ao de Kubrick.

Lolita reúne três predicados: o elenco, a narrativa e a fotografia de Oswald Morris e Gilbert Taylor. O diretor se esmerou nas grandes angulares e nos elegantes movimentos de câmera que valorizaram a sua sensacional ideia de explorar o fundo das cenas, onde sempre estava acontecendo alguma coisa. Nas imagens de *Lolita* encontramos a excepcional elegância de Max Ophüls, um mestre que mereceu do ator James Mason, um singelo poema: "A shot that does not call for tracks / is agony for old Max. Who, separeted from his dolly / Is wrapped in deepest melancholy/Once, when they took away his crane / I thought he'd never smile again" (Uma tomada que não pede por faixas / é agonia para o velho Max. Quem, separado de sua bonequinha / É envolto na mais profunda melancolia / Uma vez, quando levaram seu crânio / Eu pensei que ele jamais sorriria de novo). Contudo, voltando a Clare Quilty, esse vai se firmando como a personagem principal da história, alternando máscaras. Uma hora ele é o fantasma provocador que tira o sono do atormentado Humbert Humbert. Outra hora, ele é a ensandecida ameaça, o possível raptor da menina Lolita. É o ausente-presente, o detonador da paranoia que possibilita artifícios perfeitos para tirar o filme da seara gasta do realismo e conduzi-lo ao paraíso das livres elipses. De câmera em riste, Kubrick nos mostrou que dentro da sua caixa de truques, o compartimento reservado para a ironia encontrava-se vazio. O diretor gastara toda a munição querendo romper com a linearidade do enredo. *Lolita* é o marco inaugural do seu cinema invertido. Arte que causava estranheza e que fundiu a cabeça de muita gente, conforme depoimento de Martin Scorsese a Jan

Harlan no documentário *Stanley Kubrick: A Life in Pictures* (Stanley Kubrick: Imagens de Uma Vida, 2001). O filósofo do avesso, digamos assim, se esbaldou em *Lolita*. O vendedor de balões alterou os pesos da história ao colocar Clare Quilty num patamar superior ao da personagem título. Kubrick foi um miraculoso usuário das releituras e não tinha a menor cerimônia em querer nos provar que os rios não correm para o oceano, os rios correm é para os olhos.

Kubrick prezava a interlocução por entender que cinema é a arte das pessoas. Em seus primeiros filmes formou duplas com James Harris e Jim Thompson. O que foi escrito sobre o diretor é que ele construiu também uma boa relação de trabalho com os intérpretes. Seus filmes devem muito às atrizes e aos atores que, bravamente, resistiam as mil e uma refações que o deus ia fazendo, fazendo até esgotar os limites. Eis alguns livros que resultaram dessa sua faceta: *He Was My Teacher And My Tormentor* (Ele Era Meu Professor e Meu Tormento), escrito por Malcolm McDowell; *Full Metal Jacket Diary* (Diário de Nascido Para Matar), por Matthew Modine; *Before I Forget* (Antes Que Eu Esqueça), por James Mason; *Lolita, Kubrick et moi* (Lolita, Kubrick e Eu), por Sue Lyon, que se mudara para Paris; *I Say Look Here* (Eu Digo Olhe Para Cá), por Peter Bull. Para Tony Curtis, Kubrick criava uma relação um a um com o elenco. O crítico Paul Duncan informa que Kubrick aprendera com Olivier, Ustinov e Laughton a inventar situações que produzissem espontaneidade[2]. Um desses "sofredores" nasceu na Inglaterra, era o jovem Peter Sellers, nome que dispensa adjetivos. Outro inglês "ladrãozinho de cena" era Malcolm McDowell. Kubrick reconhece o tamanho da contribuição de McDowell na criação de *Laranja Mecânica*. A gíria, o figurino, o sotaque mais doce do que o *cockney*[3], os cenários e a fisgada demoníaca de cantar "Singin' in the Rain" (Cantando na Chuva), em uma cena de pancadaria.

Ainda conforme informes biográficos, Kubrick transitava bem em outras áreas. Foi muito próximo de John Calley, vice-diretor da Warner Bros, conselheiro que se tornou um combustível essencial para o vendedor de balões "tirar algum" dos campos de batalha da indústria

---

2 Cf. *Stanley Kubrick: A Filmografia Completa*, Alemanha: Taschen do Brasil, 2003.
3 Sotaque peculiar do habitante do East End de Londres.

cinematográfica. (Hollywood ganhou um *slogan* criado por Woody Allen: "O *show business* é *business*, do contrário se chamaria show-show".) Calley, que segundo o escritor e roteirista Michael Herr foi o amigo mais íntimo de Kubrick, após sobreviver ao tufão cultural da geração anos de 1970, presidiu a Sony Pictures Entertainment. Faleceu em 2011. Foi quem forneceu as câmeras Mitchell BNC para Kubrick rodar *Barry Lyndon* e quem lhe mandou, ainda em manuscrito, o livro *O Iluminado*, de Stephen King. Já, o homem da *steadicam*, Garret Brown, e o premiado diretor de fotografia John Alcott foram outros bons companheiros de estrada. Nos últimos tempos, seus colaboradores mais íntimos eram Jan Harlan, Leon Vitali, Christiane Kubrick e o inglês Anthony Frewin. Possivelmente não citamos todos. Quem valoriza a interlocução, como era o caso do gigante, sobrevive em um arquipélago cheio de ilhas criadoras. A contribuição de Gilbert Taylor é um bom exemplo. O iluminador e assistente de fotografia apresentou a ideia da mão masculina pintando as unhas do pezinho da ninfeta praticamente finalizada. Kubrick não hesitou: "eis a apresentação de Lolita". Pezinho na mão, formato longilíneo, o algodão entre os dedos para evitar manchas de esmalte, unhinhas "fetichistamente" pintadas... Gilbert Taylor, no filme seguinte de Kubrick, *Dr. Fantástico*, ocupou o cargo de diretor de fotografia, tornando-se um nome consagrado entre os profissionais do ramo. É dele a fotografia da saga *Star Wars* (Guerra nas Estrelas, 1977), do californiano George Lucas.

A literatura foi sua maior influência. Dos seus treze longas-metragens apenas dois não são baseados em romance publicado, conto ou novela, porém, sua arte está longe de ser um cinema literário. Kubrick formou duplas diretamente com quase todos os autores que adaptou para a tela. Alguns escritores estranharam o seu ritmo intenso de trabalho. Virou folclore, entre as suas muitas histórias, o telefonema de sete horas para Peter George (Bryant) sobre a adaptação da novela intitulada *Red Alert* (Alerta Vermelho, 1958), que originou *Dr. Fantástico*. O diretor também trocou extensos telefonemas de longa distância com Gustav Hasford quando estava em conversação com o escritor sobre como transformar *The Short-Timers* em *Nascido Para Matar*. Fala-se muito de outras obsessões e excentricidades do gigante. Tem aquela história narrada por uma de suas filhas da carta que o pai deixou para ela na véspera de uma curta viagem contendo uma série de procedimentos para cuidar do "rebanho" de gatos. Kubrick redigira a missiva, de próprio punho, quatro páginas em letras miúdas. Ainda no capítulo "gato", tem o caso coletado por seu veterinário dando conta que o monstro colaborou com ele numa pesquisa, ajudando-o a descobrir quantas lambidas são necessárias para o felino beber determinada tigela d'água.

O crédito de roteiros é assunto nebuloso em sua obra. Os letreiros do seu primeiro longa informam que *Medo e Desejo* foi escrito por Howard Sackler, mas a autoria do roteiro não foi atribuída a ninguém. Estranho, principalmente porque Sackler se declarou criador da história. Já Vladimir Nabokov surge como roteirista em *Lolita*. Ocorre que basta ver o filme para verificar que a "levada" de *Lolita*, dificilmente passaria pela cabeça do escritor russo, logo ele, que nutria horror pelo "charlatão" dr. Sigmund Freud, inconsciente, subconsciente e demais "picaretagens". Na edição brasileira do livro *Lolita*, o nome Clare Quilty não aparece logo no início do romance[4]. Contudo, no DVD, depois de Humbert Humbert, o dramaturgo é a segunda pessoa a entrar em cena, uma figuração floreada: Quilty se apresenta com a cabeça coberta, fala alguma coisa e só então vemos o seu rosto, pela primeira vez. Entre os vários roteiristas com quem trabalhou há um rastilho de polêmicas envolvendo Jim Thompson, Gustav Hasford, Stephen King e Frederic Raphael, de *De Olhos Bem Fechados*. O último escreveu o livro *De Olhos Bem Abertos* em que tenta, mas não consegue, ser neutro. Apesar de revelar sua admiração pelo diretor, seu relato não esconde as mágoas. Talvez por isso Raphael pegou pesado com aquela história de acusar Kubrick de rejeitar sua origem judaica. Pouca ou nenhuma diferença faria se o médico dr. Bill, interpretado por Tom Cruise, fosse identificado como judeu na Nova York de hoje. Pois bem, chega a ser despropositada a implicância de Raphael. Há uma versão dando conta de que ele se ressentira, porque Kubrick reescrevera o roteiro do filme. A coisa atingiu o ponto de Raphael censurar o diretor, porque ele se casara com Christiane, sobrinha de Veit Harlan, o cineasta alemão que, em 1945, formara dupla com Joseph Goebbels,

[4] *Lolita*, trad. Jorio Dauster, São Paulo: O Globo/Folha de S.Paulo, 2003, p. 123.

levando para a tela um roteiro de autoria do chefe da propaganda nazista no filme *Kolberg*. Quatro anos antes, Veit Harlan havia dirigido *Jud Süss* (O Judeu Sujo), um dos pilares da filosofia nazista. Eis uma questão sempre muito polêmica. Muitos não perdoaram G.W. Pabst por ter rodado dois filmes nos tempos do nazismo, atendendo convite de Goebbels.

Raphael lançou outras flechas envenenadas ao divulgar que Veit Harlan seria avô de Christiane. Pura mentira. Jan Harlan nos disse que um de seus avós era alemão e o outro era português. Jan nos pediu desculpas por não falar o idioma do velho Manuel, justo o nome de um de seus filhos, o fotógrafo Manuel Harlan. Quanto a Raphael, por conta de suas intrigas, não esteve entre os convidados das cerimônias fúnebres em memória de Stanley Kubrick realizadas em 9 de março de 1999, em Childwickbury. O sepultamento não teve conotações religiosas, mas o Kadisch foi ouvido entre suspiros e lágrimas.

A parceria entre Stephen King e Kubrick, praticamente não existiu. Kubrick se ressentiu porque o romancista convocou a imprensa para divulgar que seu livro não tinha nada a ver com o filme do diretor. No caso de Jim Thompson, o desentendimento ficou por conta de sua participação em *O Grande Golpe*. Thompson alega que não desenvolvera apenas os diálogos, mas que tivera participação ativa na criação da obra. Fala-se que, para fazer as pazes, Kubrick o convidou para colaborar em *Glória Feita de Sangue*, momento em que sua sugestão de roteiro foi recusada, porém o diretor insistiu para que Thompson desenvolvesse os diálogos. O gigante dizia que Jim Thompson era mestre na arte de "escovar" o coloquial. Os escritores com quem trabalhou de maneira mais produtiva foram Arthur C. Clarke em *2001: Uma Odisseia no Espaço*, Terry Southern em *Dr. Fantástico* e Michael Herr em *Nascido Para Matar*. Com Gustav Hasford, a relação foi muito conturbada, os dois só se encontraram uma única vez e não houve mais clima para qualquer outra aproximação. Quando não era possível formar dupla com o autor da obra, Kubrick costumava contratar um roteirista-escritor, são os casos de: Calder Willingham em *Glória Feita de Sangue*; Jim Thompson em *O Grande Golpe*; Terry Southern em *Dr. Fantástico*; Frederic Raphael em *De Olhos Bem Fechados*; Michael Herr em *Nascido Para Matar* e Diane

Johnson em *O Iluminado*. Somente em *Laranja Mecânica* e *Barry Lyndon*, Kubrick acumulou as duas funções.

Do ponto de vista de qualidade literária, nossa preferência vai para *Traumnovelle* (Breve Romance de um Sonho), escrita em 1926 pelo austríaco Arthur Schnitzler. Consideramos *Lolita*, *Laranja Mecânica* e *2001: Uma Odisseia no Espaço* boa ficção, mas não passam disso. *O Iluminado* é má literatura. Os romances *Paths of Glory*, *Spartacus*, *Barry Lyndon* e *Red Alert* são fracos. *The Short-Timers* de Gustav Hasford é fulminante, um tiro nas mentiras da guerra. Gustav Hasford escreveu um romance melhor ainda, *The Phantom Blooper*. Enquanto a literatura oscilava de qualidade, o cinema de Kubrick se valia do fato de ele conhecer a face oculta da adaptação, mantendo sempre o mesmo nível. Há, no roteiro de *Lolita*, várias anotações na letra de Kubrick com mudanças que confirmam as diferentes visões de como Nabokov enxergou sua ficção no cinema e a respectiva releitura que o enxadrista empreendeu quando decidiu que a conduta das três personagens principais seria especialmente afetada pelo inconsciente[5]. Mais tarde, Nabokov reconheceu o senso cortante da transcrição de Kubrick[6]. Destacamos o caso de *Lolita* porque ele é bem ilustrativo do que o diretor fez com a literatura. Se fosse preciso, Kubrick desviava o curso da água, pois, a sua especialidade era inventar cinema.

Kubrick deu a receita: "O romance perfeito para adaptar não é o de ação, mas ao contrário, é aquele que se concentra sobre a vida interior das personagens".[7] Geralmente pedia um ano para preparar o roteiro. No caso de *Laranja Mecânica*, de Anthony Burgess, levou dois meses, em ritmo puxado. O livro lhe fora recomendado por Peter Sellers. Releu o romance mais de uma vez. O cineasta não fazia concessões quando se tratava do ato de produzir ideias. A regra geral era eliminar a palavra descanso, era esgotar os limites antes do produto final. O *one show man* cuidava de tudo, da campanha publicitária aos

---

5   Cf. A. Castle (ed.), *The Stanley Kubrick Archives*, p. 329. Com as observações feitas no texto de Nabokov, o diretor chegava no que pretendia dizer à medida que avançava seu processo de trabalho.
6   Cf. *Lolita: A Screenplay*, New York: McGraw-Hill, 1974.
7   Ver Anthony Frewin, Stanley Kubrick: Writers, Writing, Reading, em A. Castle (ed.), op. cit., p. 514.

assuntos financeiros, o que implicava em chefiar um batalhão de colaboradores nas fases de pesquisa, pré-produção, produção, propaganda e a longa temporada dedicada à montagem e à finalização. Sua fissura pela qualidade era tanta que tinha o hábito de enviar pessoas de sua confiança para avaliar as condições técnicas das salas de exibição no mundo inteiro. Antes de *2001: Uma Odisseia no Espaço* estrear no Brasil, Kubrick mandou para cá um de seus emissários inspecionar as salas do eixo Rio-São Paulo. Fomos reprovados.

Em *Lolita*, Kubrick desperdiçou outra oportunidade, porque optou pelo tradicional em termos publicitários. O pôster do seu sexto longa-metragem reproduz uma Lolita que não é a do filme: as lentes de seus óculos em forma de coração, ela fazendo charme ao sugar o canudo do copo de *milk-shake* ladeada pelo título *How did they ever make a movie of* LOLITA? (Como Eles Fizeram um Filme de LOLITA?). Para que toda essa lorota se havia uma Lolita de maiô tomando banho de sol no quintal da casa da mamãe, o cabelo solto, chapeuzinho rendado e um olhar de derreter um iceberg?

O filme *Lolita* tem mais Kubrick do que Nabokov. O diretor deleita-se em misturar estações que, à primeira vista, podem causar estranheza, mas que ao fim resultaram num filme original. Na perspectiva dos mestres, os temas não se esgotam, há sempre a possibilidade de acender a chama de uma nova configuração. O cinema, graças aos seus recursos plurais, parece ser a arte ideal para se casar ideias e produzir elipses inéditas. Em *Lolita*, o vendedor de balões nos mostra que entre Humbert Humbert e Lolita havia Clare Quilty e era coisa perigosa, pois como logo veremos, isso foi mesclado com as revelações surpreendentes emanadas das trevas e das luzes do inconsciente.

A trajetória de Kubrick é um momento maior da vocação de criar roteiros devido a sua inesgotável energia para recriar, reescrever, improvisar. Foi assim em *Glória Feita de Sangue*. A emoção da cena final deve-se em grande parte à paixão do diretor pela jovem atriz alemã. Stanley queria, de qualquer maneira, pôr a noiva no filme. Do mesmo jeitinho que Clare Quilty fez quando escreveu uma peça de teatro para Lolitinha interpretar o papel principal. Ó meus sais, como essa vida é cheia de coincidências…

A palavra que falta dizer é "sedimentação" – de um método de trabalho. Essa luz acendeu à medida em que o diretor desenvolvia o seu processo. Suas certezas em relação à relatividade do roteiro amadureceram. Ele trabalhava além da conta quando os escrevia, mas fazia parte de sua personalidade encará-los como um esboço, talvez uma mera fachada. Teorizar sobre sua obra e seu *physique-du-rôle* é incorrer no risco permanente de se contradizer, porque Kubrick é o primeiro a contrariar as suas declarações. Michel Ciment divulga uma frase do ator Warren Beaty sobre o nosso caro gigante: "era um fato consumado que Stanley sempre sabia alguma coisa que você não sabia"[8].

Kubrick bebeu da literatura ruim e boa, porém quando a levou para a tela uniformizou o seu nível. *Lolita* é um bom livro e resultou na mais bela traição cometida na adaptação de uma novela célebre para o cinema. *Breve Romance de um Sonho* é um primor de ficção e o enxadrista tinha absoluta consciência do presente que ganhara de Ruth Sobotka, sua segunda esposa, ao realizar um filme alguns graus acima do intrigante. *O Iluminado* é literatura convencional, no entanto resultou no terror mais bem dirigido da história da sétima arte. *Barry Lyndon* e *Glória Feita de Sangue* são baseados em obras literárias fracas, mas são *cults* do cinema. O crítico e poeta Sebastião Uchoa Leite fez a síntese disso ao escrever que a linguagem literária tende para a sugestão e a linguagem cinematográfica para a exposição direta[9].

O que mais nos intriga em *Lolita* é a vontade que Kubrick demonstra de que nós espectadores nos divirtamos com a tragédia desse tormento que era Humbert Humbert. E para isso se esmerou nos mistérios da psique, temperando-os com o bote da ironia. Aqui, Kubrick arrebentou as normas em nome do insólito e da intensidade cômico-dramática.

Arte e amor aproximam os dois homens que disputam a flor mais bonita do jardim. O padrasto Humbert Humbert ama Lolita e a literatura. Clare Quilty ama o teatro e é amado pela labareda da vida de Humbert. Simbolicamente, esse jogo parece ocorrer num tabuleiro de xadrez. Aquele pânico do *monsieur* Humbert por causa do carro

---

8   *Conversas Com Kubrick*, p. 317.
9   Cf. *Crítica de Ouvido*, São Paulo: Cosac Naify, 2003, p. 155.

que os perseguia vale por um xeque-mate. Quilty avança com a torre e ameaça o rei. A paranoia se instala na alma de Humbert toda vez que o misterioso automóvel aparecia no retrovisor da *van* da falecida, a mamãe Charlotte (Shelley Winters). Nem o gim, nem o "abacagim" conseguem acalmá-lo. Todavia, compreendemos o seu ataque de nervos. No mínimo, Humbert estaria pensando que a qualquer momento, seu rival iria emparelhar os veículos e pondo a cabeça para fora faria a pergunta cretina: "onde cê conheceu a coisinha?"

A primeira noite do casal é uma piada. A lua de mel foi pródiga em sono abissal. Isso sem esquecer a hilariante cena de Humbert Humbert em companhia do funcionário do hotel tentando montar a cama de armar, foi como se Jacques Tati estivesse entre ambos. Porém, na manhã seguinte, a labareda acordou cheia de fogo: copularam três vezes e o professor estava malcheiroso. As maquinações kubrickianas estão a todo vapor em *Lolita*. Suas personagens são vítimas de um acossamento, uma pressão externa indeterminada, porém localizada. Pressão mais aludida do que sistematizada. Há sempre muita névoa nas solidões desérticas dos caminhos palmilhados por Lolita e seu padrasto. Os dois juntos são um desastre. Humbert Humbert lutará tanto para conquistar a ninfeta, mas viver com ela transformou-se em um tormento. O professor estressa, ele sofre como um condenado fazendo o jogo de camuflar sua atração pelo pimpão Clare Quilty. O canalha está todo prosa, depois da peça que dedicara para Lolita atuar (*A Mulher que Amava o Trovão*). Acontece que reunindo suas últimas forças, Humbert Humbert decide resolver o assunto à bala. Gasta dois tambores e felizmente, os últimos tiros acertam o alvo que se posicionara atrás da tela onde fora pintada a figura da jovem de chapéu. A câmera se aproxima da tela e fecha no plano do começo. Kubrick poupa Humbert Humbert de ver Quilty morto. A partir daí sucedem todas aquelas coisas que o leitor que assistiu ao filme conhece bem. O final ocorre no mesmo lugar dos primeiros planos. (Até parece que a obra começa duas vezes…) Vemos então um homem em frangalhos na sala da mansão, o cavalheiro avança, passa pela harpa e no outro ambiente, chama pela primeira vez por Quilty. Ecoa silêncio, o visitante chama Quilty pela segunda vez, então a cena escurece por completo. Estranhamente, Clare não se encontrava sentado na poltrona. Humbert Humbert grita por Quilty... Quilty! É cômico, em vez de chamar pela amada, o professor berra o nome de um homem. O moleque do Bronx devia cair na risada vendo essa cena e não havia como não se lembrar de Alain Resnais que escrevera que "o inconsciente também é um espetáculo, talvez o espetáculo fundamental"[10].

Em matéria de beijos, *Lolita* é de um pão-durismo atroz. Não tem nem sequer um verdadeiro beijo de língua. É uma lástima: minguados selinhos e chulos tico-ticos. O primeiro deles é apenas uma inocente bitoca de boa noite que devido à imaginação do professor se converte em momento exuberante. Ele roubara o cheiro da pele da pequena e fatal labareda. O segundo eclipsa um clarão de *fruit vert*: a malvada sobe aquela escada correndo e o toma nos braços encostando, docemente, seus lindos lábios na face do poeta, escritor e professor. Ora, nesse instante, o tremor sorrira para o rei e os seus viris cães de caça.

O terceiro beijo confere ao par Humbert Humbert e Charlotte o direito deles se candidatarem ao título dos namorados mais sem graça do cinema. A cara de enfado do professor dispensa maiores comentários. Nem todo o gim tomado no gargalo da garrafa foi capaz de esquentar o casal. Estamos nos referindo à cena na qual os recém-casados se amassam na cama, um fiasco e, detalhe, ambos estavam vestidos até o pescoço.

Triste é a hora em que Lolita despreza o padrasto, justo quando o bom homem ia lhe beijar na boca. Porém, tudo que conseguiu foi um selinho ridículo, paciência, essa é a parte que lhe cabe no latifúndio sexual da ex-labareda de sua vida. E fim, terminou tudo: nada de qualquer outra bitoca num filme que seria sobre o amor. Seguramente se trata de uma obra sobre o amor, mas de um amor que não se contenta em se concentrar só na plataforma do consciente, quer voar, quer ser feliz, quer o bolo por inteiro.

Autor de uma análise sobre o trabalho do diretor, o crítico Mario Falsetto é pródigo em elogios à *Lolita*[11]. Ele atirou no lugar certo: *Lolita* é o marco, a pedra filosofal de que Kubrick é um hábil inventor de surpresas. Falsetto argumenta que Stanley Kubrick aplicara em cima

---

10 Apud Alain Fleischer, *L'Art de Alain Resnais*, Paris: Pompidou, 1998.
11 Cf. *Stanley Kubrick: A Narrative and Stylistic Analysis.*, Westport: Praeger, 2001.

do original de Nabokov uma ideia a mais, não se tratava apenas de um velho pedófilo, porém de alguém no "armário" que não admite que se apaixonara por seu rival. Um rival, diga-se de passagem, tão diferente que a perigosa ninfeta seria capaz de morrer por ele.

Kubrick foi um gênio do cinema? Uma sumidade em produzir emoções e em representar a transcendência num nível acessível ao grande público? O autor de uma filmografia autônoma realizada pelo gênio do inesperado? Qual o significado de sua obra? Afinal, qual papel desempenhou esse menino do Bronx na curta história da sétima arte?

Ninguém mais duvida de que ele criou um modo próprio de narrar. Na história do cinema, Kubrick divide as honras com Serguei Eisenstein, Fritz Lang, Max Ophüls, Orson Welles, Billy Wilder, Jean Renoir, Federico Fellini, Antonioni, Ozu. Ver seus filmes é sempre um convite para revê-los. Jan Harlan, cunhado do diretor, acertou quando escreveu sobre *De Olhos Bem Fechados*: "O filme teve recepções variadas, dividindo críticos e público, do mesmo modo que todos os filmes de Kubrick fizeram antes. Certamente, *De Olhos Bem Fechados* tem uma única fraqueza dividida com a maior parte dos outros filmes de Stanley: ele precisa ser visto duas vezes."[12] A sugestão de Jan se aplica a todos os demais trabalhos do diretor. Jan estava convencido de que o cinema de seu cunhado era governado pelas emoções e não por nossa inteligência ou conhecimento. Na balança operada pelo monstro de coração mole, era isso que prevalecia. E a essa característica deve-se acrescentar o fato do monstro não conhecer a palavra "descansar". Seu método era o esgotamento sustentado por uma regra elementar: ver o que filmava. Baseado nesse critério, tudo podia acontecer. O valor maior de sua obra é exatamente esse, sua mente aberta. Nenhum outro diretor foi capaz de nos legar uma filmografia tão surpreendente quanto esse camaleão amigo de Spielberg. Sua arte é como se estivesse sempre por fazer. Sua ausência nos legou um imenso vazio. Imagine o que esse radioso cometa não teria nos preparado se o fim não tivesse lhe chegado tão cedo? Muitos cineastas geniais morrem e se apagam. Outros não. Outros resistem, protagonizando uma atualidade que tem a ver com o nascimento diário da arte e da beleza[13].

12 The Long Road to Eyes Wide Shut, em A. Castle (ed.), op. cit., p. 512.
13 O filme *Lolita* nos inspirou a escrever esta parábola a que demos o título de *O Espetáculo do Inconsciente*. Núcleo básico: o pezinho era dela, mas a mão que o manipulava era do luminoso Clare Quilty e não do enrustido Humbert. Enxerto: o jogo de xadrez entre os dois aponta para a vitória de um deles. No entanto, todos perdem. O dramaturgo é assassinado, o professor morre deprimido e "a labareda em minha carne engorda, empobrece e envelhece". Moral da história: a *Lolita* de Kubrick é um gracioso relato das traições que o inconsciente é capaz de nos pregar. Seu sexto longa-metragem é um voo livre em que Humbert Humbert ama a garota, mas quem o deixava de quatro não era bem a "tchutchuquinha".

Sua Perdição Não Foi Lolita, Foi Peter Sellers

HEIL HITLER: KUBRICK RASGOU A FANTASIA

8

HEIL HITLER: KUBRICK RASGOU A FANTASIA

Interessa-me apenas o que é "bobagem"; apenas aquilo que não tem nenhum sentido prático. A vida me interessa unicamente em sua manifestação absurda.

Heroísmo, *páthos*, valentia, moral, higiene, bons costumes, enternecimento, sofreguidão, são para mim palavras e sentimentos odiosos.

Mas compreendo plenamente e respeito: o êxtase e a admiração, a inspiração e o desespero, a paixonite e a contenção, a devassidão e a virtude, a tristeza e a aflição, a alegria e o riso.

DANIL KHARMS[1]

Dr. Strangelove (Dr. Fantástico) é uma loucura tão possível que o ex-ator e presidente Ronald Reagan, logo depois do ato de sua posse, perguntou a um dos assessores em que lugar da Casa Branca ficava o Salão da Guerra, que ele vira no filme do Stanley Kubrick…

O humor selvagem de Kubrick não poupou ninguém nesse seu deboche de rachar o bico. Como se dizia antigamente, rimos a bandeiras despregadas do servicinho que a bomba presta à humanidade. Certa vez, Michel Ciment chamou Kubrick de *cinéaste de la peur* (cineasta do medo)[2]. O crítico francês se atinha aos medos sociais de *Laranja Mecânica*, aos medos metafísicos de *2001: Uma Odisseia no Espaço*, aos medos íntimos de *De Olhos Bem Fechados* e ao medo dos pesadelos de *O Iluminado*. No que se refere a *Dr. Fantástico*, o medo raia ao puro terror. Estamos nas mãos da *bêtise humaine* (estupidez humana), os idiotas comandam o universo. Lá vai o peão, montado no B-52, chapéu Stetson na cabeça, rapidinho, rapidinho, destruir o planeta ao som de uma tocante marchinha. O incendiário do Bronx festejou a oportunidade de se imortalizar prestando tão pedagógica colaboração aos obtusos telúricos. Amigavelmente, Kubrick nos avisava que o planeta pode virar uma bola de fogo porque os que sobram no mundo são os

---

1   *Os Escombros e o Mito: A Cultura e o Fim da União Soviética*, trad. Boris Schnaiderman, São Paulo: Companhia das Letras, 1997.
2   Em conferência por ocasião da exposição "Stanley Kubrick", na Cinemateca de Paris. Ciment falou no dia 28 mar., às 19 horas, para um auditório de 400 pessoas.

espíritos de porco, donos de um lugar de honra no Salão da Guerra. Lá fora a Guerra Fria nadava de braçadas. O horror, aparentemente em fogo brando, na verdade estava a mil, então não tem essa de vulcão em extinção porque o terror é que a qualquer hora os Turgidsons, os Jacks Rippers e demais gorilas apertem o botão e "tchauzinho mundo louco".

Fala-se que adaptar um livro para o cinema equivale a um comentário. É o caso de *Red Alert* de Peter George porque o livro era sério, mas Kubrick achou melhor converter o alerta de George numa trepidante gargalhada[3]. Para Kubrick, "os filmes poderiam ir bem mais longe do que vão. Não há dúvida de que seria agradável ver um pouco de loucura nos filmes. Pelo menos seria interessante assisti-los"[4].

Então foi só disparar a câmera. O diretor dispunha de excelente material: o tarado general Buck Turgidson, o fanático general Jack D. Ripper, o *cowboy*, major T.J. "King" Kong, o tenente Lothar Zogg, o embaixador russo De Sadesky, franco admirador de uma vodka nevada e o nosso favorito, Coronel "Bat" Guano, a "ofuscante inteligência" que atira na máquina de Coca-Cola enquanto esbraveja a frase mais famosa do filme: "Try any perversion in there, or I'll blow your head off!" (Tente alguma perversão lá dentro ou eu vou explodir os seus miolos!) Não podemos esquecer do presidente dos Estados Unidos e de alguém tão fundamental quanto o dr. Fantástico. Isso significava que estava fácil para o diretor. O sortudo teve apenas o trabalho de mandar bater a claquete "ação". Pondo fogo no circo, Kubrick se encarregou de apimentar o paladar das cenas com o ardor das analogias sexuais e literárias: o embaixador Sadesky foi a mais justa homenagem que alguém podia ter prestado ao edificante Marquês de Sade[5].

3   O escritor suicidou-se em 1966.
4   Primeira Entrevista –1972, em M. Ciment, *Conversas Com Kubrick*, p. 117.
5   A propaganda de *Dr. Strangelove* aderiu ao humor e ao apelo sexual. Um dos pôsteres reproduz a charge da cabine dos pilotos onde, numa das cadeiras, o braço da moça enlaça o comandante deixando à mostra, em sua mão, uma taça de champanhe. Os "strangelovistas" bebemoravam a ejaculação atômica. Por esses tempos, Kubrick tornara-se um admirador dos comerciais de propaganda em exibição na televisão. (Confira o depoimento de Sydney Pollack no documentário de Jan Harlan, *Stanley Kubrick: A Life in Pictures*.) No mínimo, o célebre *spot* do funeral, a exemplo de tantos outros, deve ter merecido seus aplausos. Produzida em 1966, a publicidade mostrava o cortejo de meia dúzia de carrões enquanto em *off*, o milionário que acabara de falecer, vai lendo seu testamento. "Para minha mulher, meus dois filhos e meu sócio que ▶

Seu sétimo longa celebra associações inéditas. Enquanto as barulhentas gargalhadas ecoavam no escurinho do cinema, nós víamos os aviões explodindo as torres gêmeas do World Trade Center. O apocalipse de *Dr. Fantástico* se mistura com a imagem da bomba que é sempre a mesma, não importa se passado, presente ou futuro. Toda bomba é a mãe do terror e o pai da loucura.

O cinema de Kubrick é direto. O vendedor de balões não pratica uma arte intelectualizada. Interessado em ser entendido por todos, buscou casar o pensamento crítico com o popular. Segundo Alexander Walker, ele procurou fazê-lo preservando o ritmo sofisticado, perseguindo também o alto rendimento de atuação, o preciosismo fotográfico e o rigor na montagem sempre com o faro de seu olhar narrativo[6]. Em *Dr. Fantástico*, o gigante realizou a cena sublime do cinema, em preto e branco. Cabe recordar um fato curioso: quando Ridley Scott filmou *Alien, O Oitavo Passageiro*, mostrava *Dr. Fantástico* para sua equipe e dizia."é isso o que eu quero, vejam não é só um B-52 flutuando no espaço, mas sua aparência militar"[7]. Estamos diante de seu filme mais surpreendente. A espécie humana entrara em fase terminal, a velha senhora estava prestes a passar toda a humanidade no fio da foice. Para o diretor, faltava tratar o fim do planeta como pantomima. Em *Glória Feita de Sangue*, ele havia captado a catástrofe

▷ só pensavam em gastar, gastar, gastar, eu não deixo nada, nada, nada". Depois a voz amaciava e aparecia no vídeo o fusquinha conduzido por um tipo tímido, o único que chorava a contrastar com a pose dos demais parentes em suas limusines cintilantes. Então o locutor *off* fecha o testamento: "E para meu sobrinho Harold, que sempre dizia que cada centavo economizado é um centavo ganho e que sabia o valor de ser dono de um Fusca, eu deixo toda a minha fortuna, cem bilhões de dólares." Um primor de comercial dirigido por Howard Zieff, criado pela agência Doyle Dane Bernbach, sediada em Nova York e responsável pela fórmula sss, *Simple Surprise Smile*, posta em prática do começo dos anos 1970 por publicitários que defendiam que podia haver vida inteligente na propaganda.

6   Alexander Walter, *Stanley Kubrick Directs*, New York: Harcourt Brace Jovanovich, 1971.
7   Paul Virilio, *Guerra e Cinema*, trad. Paulo Roberto Pires, São Paulo: Boitempo, 2005, p. 159. Roger Cristian, diretor de arte de *Alien*, confirma a versão.

da morte da paz. Já em *Dr. Fantástico*, a nave se dirige para outro destino. Kubrick filmou uma dessas gargalhadas de nos derrubar no chão.

Dosou o chocante com mão leve e, de repente, estava todo mundo morrendo de rir. Quanto mais fulminante fosse a mediocridade de sentimentos mais esfuziante era a gargalhada nos cinemas. Curioso é que a piada era velha. Na Sardenha, o povo matava os idosos dando risadas. Os fenícios gritavam de felicidade quando exterminavam os filhos que não conseguiriam criar. Os trogloditas gargalhavam quando enterravam os mortos. Os trácios estrangulavam os moribundos. O ator George Scott gostava de dizer que seu amigo Kubrick era dono de um humor explosivo. Em Portugal, o senso cortante de *Dr. Fantástico* foi demais, o país precisou aguardar Salazar ser destituído, para flanar pelas intrigantes imagens do alegre apocalipse engendrado por Kubrick.

Kubrick gostava de ver o que filmava. A cena tinha que passar pelo seu crivo monstruoso. Rodou *Dr. Fantástico* em quinze semanas e montou em oito meses durante o ano de 1963. Orçamento econômico, cerca de um milhão de dólares. Terry Southern, que depois escreveria o roteiro de *Easy Rider* (Sem Destino, 1969), disse que Kubrick passava para apanhá-lo em casa, em Kensington às 5h da manhã[8].

Os lobos em pele de cordeiros, na iminência de mandar o mundo pelos ares, impressionam pela pose: a voz deles beira o equilíbrio, a gesticulação soa adequada, a expressão mostra-se ponderada. Quanto ao fato de eles terem o domínio do painel eletrônico do Salão de Guerra, mas não controlarem o botão da hecatombe nuclear, isso é um reles detalhe. Então, coroando a loucura, o artefato definitivo explode e nesse exato momento, um senhor paralítico – a mais brilhante encarnação da maldade científica –, anda. O homem varrera da Terra a civilização. Claro que não precisava do material que havia sido filmado: Kubrick preferiu engavetar a batalha das tortas. Vale à pena ver as fotos dos gladiadores atômicos armados com suas travessas de tortas, seus corpos e rostos besuntados pelos cremes do pastelão[9]. Especula-se que ele desistiu da guerra das tortas por causa do

---

[8] Roteirista e diretor já iam trabalhando no Bentley do Kubrick, pilotado por seu motorista. Naquela época, Kubrick havia alugado uma casa-dormitório em Kensington, Londres.

[9] Cf. A. Castle (ed.), *The Stanley Kubrick Archives*, p. 354.

assassinato do presidente Kennedy, mas não foi por isso. Depois de Peter Sellers se levantar da cadeira de rodas e sair andando de lado, segurando o braço para não fazer a saudação nazista, a cena seguinte tinha que ser o *happy end* mais corrosivo da arte cinematográfica: a tragédia atômica sob os acordes de "We'll meet again, don't know where, don't know when, but I know we'll meet again, some sunny day" (Vamos nos encontrar novamente, não sei onde, nem quando, mas sei que vamos nos encontrar novamente, em algum dia ensolarado), na gravação original cantada pela britânica Vera Lynn. Hoje, o cogumelo atômico é obsoleto. Porém, a metáfora subsiste: *Dr. Fantástico* não ficou datado[10].

Kubrick transformou o fim do mundo num alegre apocalipse, como disse certa vez: "Se o mundo moderno pode se resumir a uma palavra, seria 'absurdo'. A única saída criativa para tudo isso é a versão cômica da vida."[11] Personagens-marionetes atuando em uma grande comédia. Ou, usando outras palavras, o cineasta construíra uma encruzilhada, porque

---

[10] Kubrick nos deixou um legado de imagens "tapas na cara". Entre elas, o *close* de Alex DeLarge (Malcolm McDowell) em *Laranja Mecânica*: os olhos arregalados, a boca torta e o rosto em terror. Contudo, ali na figura do jovem de boa aparência mora o perfeito retrato da violência na sociedade pós-moderna. A cachoeira de sangue nas paredes do hotel em *O Iluminado*. O major Vaqueiro a cavalgar a bomba atômica em *Dr. Fantástico*. O pezinho da ninfeta na abertura de *Lolita*. O osso do macaco que funde para a nave interplanetária em *2001: Uma Odisseia no Espaço*. A orgia em *De Olhos Bem Fechados*. Ou o "I'm Spartacus" do seu filme mais fraco. "Born to kill" (Nascido para Matar) no capacete e o símbolo de "paz e amor" gravado no uniforme do personagem principal de *Nascido Para Matar*. O terror psicótico de Jack Torrance, interpretado por Jack Nicholson, derrubando portas a machadadas, ou os passeios do pequeno Danny, interpretado por Danny Loyd, atravessando os corredores do hotel macabro. Ou o mesmo Jack sentado no balcão do bar do Overlook Hotel "fantasticamente" feliz porque vai tomar um trago. Os *travellings* viajantes em *Glória Feita de Sangue* ou o desfecho do filme quando Christiane canta para os soldados franceses. A saudação nazista do braço mecânico em *Dr. Fantástico*. A Criança das Estrelas, em *2001: Uma Odisseia no Espaço*, a nos fitar com o seu sorriso de quase Gioconda. A luz do século XVIII em *Barry Lyndon*. Os movimentos de câmera no interior da Discovery em *2001: Uma Odisseia no Espaço*. As sombras dos quatro *droogs* debaixo da ponte em *Orange*, antes de espancarem o mendigo. O pênis que mata a escultora. A mãe cinquentona com seu modelito "prafrentex", meias três quartos, saia acima do joelho, jaquetas de plástico coloridas, cabelos azuis, depois roxos, depois laranjas em *Laranja Mecânica*. O computador que canta, chora e mata em *2001: Uma Odisseia no Espaço*. Essas são algumas das cenas que credenciam Kubrick como o autor do "legado de impacto" mais completo do cinema mundial.

[11] Ver a conversa de Kubrick com Joseph Heller, em A. Castle (ed.), op. cit., p. 363.

depois de *Dr. Fantástico*, todos os filmes de guerra com final feliz se tornaram lixo cultural. O vaqueiro que cavalga a bomba e pula do B-52 disparando o cogumelo atômico é insuperável. O ator Slim Pickens no papel do major T.J. "King" Kong imortalizou-se, fazendo sucesso com seu jeito desengonçado e sua voz que provocava risos. Evidente que designá-lo *King Kong* não foi mero acaso, o nome do gorila era comum na época, para denominar personalidades autoritárias que se destacavam por sua truculência e extrema burrice. Kubrick gostava de filmar atores em procedimentos, em cerimoniais, a cena de Slim Pickens checando seu *kit* de sobrevivência é clássica. Ah! O primor dos ritualismos de mr. Kubrick. Mais tarde, o diretor sondou Slim para o papel do cozinheiro em *O Iluminado*, mas o boiadeiro preferiu o sossego do seu rancho em vez de aceitar o convite do incansável perfeccionista.

    A crítica francesa disse que o filme era uma fábula inspirada em Voltaire. E não deixa de sê-lo. *Dr. Fantástico* prestigia a insanidade, pois para destruir a Terra basta vaquejar e aboiar como um peão. Por isso, amemos a bomba: os homens do Salão da Guerra lambem a arma atômica, imitando os macacos de *2001: Uma Odisseia no Espaço* lambendo o monólito. Isso é uma loucura tão grande quanto a revelação de que Hitler, em circuito fechado, confidenciava aos seus auxiliares que seu modelo histórico era Moisés. Se em Hiroshima, em noventa segundos, produzimos duzentos mil mortos e noventa mil feridos, imaginem o estrago que os patrões da Terra não farão dispondo de toda maldita tecnologia. Soberanos, os senhores da guerra não estão nem aí para as consequências de seus atos. Agiu muito bem Mr. Merkin Muffley (Peter Sellers), o presidente dos Estados Unidos, que, gentilmente, nos aconselhou: "Please, gentlemen, you can't fight here, this is the War Room" (Por favor, cavalheiros, os senhores não podem brigar aqui, este é o Salão de Guerra)[12].

Quanto aos beijos, o filme em si é um longo e sombrio afeto. Os civilizados senhores do Salão de Guerra colam seus lábios na linda bomba, em tórrida paixão terminal. Considerando que se trata de uma comédia de humor negro com a tradução literal do título sendo *Doutor Estranho-Amor*, o cogumelo que se forma no horizonte justo nas últimas imagens do filme nada mais é do que a expressão da vontade humana, portanto, com regozijo podemos afirmar que *Dr. Fantástico* tem final feliz. Chispa o grande clarão, explode o grande estrondo e logo, logo Hiroshima abrirá as asas sobre nós.

---

12 O Salão da Guerra é, no nosso entender, um marco diferenciado no trabalho do diretor. O ex-presidente Ronald Reagan não estava de todo errado: onde fica o Salão de Guerra na Casa Branca, ou seria toda a Casa Branca um salão de guerra?

MARSHALL
McLUHAN
ROXOU
VENDO O
SEGUNDO
MELHOR
FILME
DO
MUNDO

9

MARSHALL MCLUHAN RONCOU VENDO O SEGUNDO MELHOR FILME DO MUNDO

O inseto petrificado
na concha ardente do dia
une o tédio do passado
a uma futura energia.

CARLOS DRUMMOND DE ANDRADE[1]

O que o astronauta Dave Bowman está fazendo nas galáxias em pleno dia de amanhã que corresponde ao ontem aqui na Terra? Quando Kubrick visitou a ficção científica, o seu tiro metafísico logrou o êxito de figurar entre as mais criativas manifestações da arte pós-moderna. O diretor levara para o espaço sua rejeição ao belicismo e nos conta isso de maneira falha em termos de nexo, porém rigorosa em termos de ritmo[2]. Produziu uma odisseia que agrada a gregos e troianos além de entreter crianças e embalar adultos num sono apaziguador. Uma curiosidade: em sessão privada, organizada pelo próprio Kubrick, em Nova York, o escritor canadense Marshall McLuhan roncou aos vinte minutos da exibição, logo depois do trecho em que se ouve "Danúbio Azul".

De maneira geral, os estudiosos do filme concordam que a tripulação da Discovery espelha os conflitos que não resolvemos embaixo e que se repetem em cima. O computador HAL, o capitão Dave Bowman e o capitão Frank Poole, recomenda-se, não devem ser reunidos na mesma mesa. As galáxias mexeram com suas emoções. Todos estão meio destrambelhados, como se estivessem em Terra. Com toda a razão,

1 A Falta Que Ama, *Poesia Completa*, Rio de Janeiro: Nova Aguilar, 2002.
2 Cf. Mario Falsetto, Nonlinear Time: "The Killing", *Stanley Kubrick: A Narrative and Stylistic Analysis*. O autor observa que o nexo já fora desobedecido por Kubrick desde *O Grande Golpe* ou *A Morte Passou Por Perto*. Como já observamos, na sequência em que o boxeador é perseguido por Rapallo e capangas, suas meias brancas se transformam em pretas por uma magia inexplicável. É preciso ter paciência com Kubrick. Somos capazes de jurar que esse erro de continuidade foi proposital.

eles, seres superinteligentes acham que a sua missão é um tédio, pois a corrida espacial é um mero repeteco dos grandes descobridores do passado, muitos deles, portugueses, todos praticantes da velha regra: quem chega primeiro se apossa do reino, abre filial do negócio e para fazer média, finca a bandeira do seu país no descampado extragaláctico.

O diretor estava cheio de ideias. No começo queria que *2001: Uma Odisseia no Espaço* tivesse uma introdução. Filmou vinte e uma entrevistas. Escolhera um grupo de cientistas e lhes fizera a mesma pergunta: o senhor acha que existem seres extraterrenos? Entre os entrevistados, o psicólogo B.F. Skinner e a antropóloga Margaret Mead. Kubrick desistiu da introdução optando por dividir o filme em dois momentos: a ação na terra e a ação no céu. Muitos sustentam que a primeira parte não tem nada a ver com a segunda, deduzindo-se daí que o monstro criara uma obra sem nexo. Podemos até concordar com isso, mas é preciso fazer duas ressalvas: Kubrick não acreditava no fim da Guerra Fria e preferiu abordar a tecnologia não pelo seu lado racional, mas pelo deslumbre de sua magia.

O gigante resolveu que ele mesmo iria inventar a realidade do filme. A personagem Dave Bowman se esmera em produzir surpresas. No Portal das Estrelas ele deixa de ser um mortal para se transformar em espírito eterno. A imagem do mundo verdadeiro só existe no homem, mas no homem cósmico ligado a tudo. Kubrick estava acreditando nisso piamente. A comunhão universal concebida pelo diretor era um firmamento cheio de valores transcendentais, valores tirados do fundo da alma. O Vaticano ama o filme e o consagrou com uma premiação internacional. Ateu confesso, o monstro foi o autor da cena mais espiritualizada do cinema: o nascimento da Criança das Estrelas. Dave Bowman expressa uma desmedida paixão pelo destino humano, é todo do bem, apesar de ter matado HAL, depois de lobotizá-lo. Observe como Kubrick opera as dualidades pouco se importando com o nexo, pois Bowman, apesar de se responsabilizar por uma missão humanitária, é o gelo em pessoa. Já deu para perceber que o cinema de Kubrick é assim, sua arte fica cada vez mais interessante, porque o diretor libera a loucura.

Levitando no Portal das Estrelas, o ex-astronauta Bowman prossegue na missão sem se importar com o seu sideral isolamento. Quando pisa no interior do quarto Luís XVI, tanto ele como nós sentimos que a procura não será vã. Nossas suspeitas logo se confirmam: o viajante trocara de roupa, tirara seu uniforme de piloto e surge em roupas civis, agora ele está usando um roupão de gala, o traje especialmente talhado para Bowman participar de um momento especial. O Embaixador da Humanidade vai jantar, há uma mesa posta, há uma taça de vinho perto do prato e dos talheres, mas a mão esbarra e o copo se espatifa no chão: o Homem Cósmico olha para os cacos de vidros como o macaco olhara para o osso. Na cena seguinte, Bowman descansa na cama de época, os cabelos brancos envelheceram sua expressão. O ex-astronauta é agora um ser iluminado empenhado numa tarefa. Mas não é a morte, tampouco o suicídio. Nesse instante a câmera corrige para o lugar apontado pelo dedo do Criador: vemos o monólito, a pedra preta dentro do quarto, no pé da cama. A câmera continua em movimento e vai fechando na aparição, então eis que surge a Criança das Estrelas, oxalá ela sorrirá para nos avisar que temos companhia a bordo do Planeta. A Criança das Estrelas é a configuração de uma melodia que vem de um lugar que o olho humano nunca verá, assim como não verá os sóis vermelhos, os continentes fosforescentes, as forças que param os relógios e controlam o tráfego dos astros onde funciona a Central Geral das Galáxias, o fuso de ouro, o ferro-velho cósmico lotado de naves ovoides, esféricas e outras formas variadas em cores impossíveis. Francamente foi isso o que Kubrick e Douglas Trumbull criaram por meio de suas lisérgicas abstrações visuais. Um ano e meio de trabalho produzindo linhas coloridas que se deslocam como se fossem uma chuva de meteoros. O Oscar de Melhores Efeitos Especiais para suas linhas de cores mutantes é uma piada. Pois era o caso de se perguntar: vocês só viram os efeitos especiais, meus caros? E a conversa com Deus, não conta?

Quando alguém comentou que virara moda assistir *2001: Uma Odisseia no Espaço* sob o efeito de drogas alucinógenas, Kubrick afirmou: "A droga provoca um estado de satisfação exagerada, aniquila o espetáculo e faz tudo parecer belo e interessante."[3] Havia gente que preferia o *purple haze*[4] e outros defendiam a ferro e fogo que o *sunshine*[5] californiano expandia a viagem para além do Portal das Estrelas. Preferências

3   Na célebre entrevista a Eric Norden para a *Playboy* em setembro de 1968, reproduzida em A. Castle (ed.), *The Stanley Kubrick Archives*, p. 398.
4   Tipo de maconha roxa, célebre nos anos 1960.
5   Gíria para mefedrona, substância alucinógena de efeito estimulante.

à parte, o oitavo longa-metragem do nosso amigo reproduz o fantástico de forma tão livre que cabe a cada um dar sentido às imagens projetadas na tela. Claro que quem era bom de imaginação tirava mais proveito. Estamos nos referindo especialmente à cena da reencarnação do astronauta Bowman: o Embaixador da Humanidade se funde na Criança das Estrelas e, quando suspenso no ar, ilumina-se ao perceber que aquela visão era a paz verdadeira.

Apreciamos o tom infantil com o qual Kubrick encerrou seu filme. O *beatle* John Lennon e Federico Fellini se apaixonaram por *2001* na primeira sessão. Lennon disse que "*2001* devia ser exibido em um templo 24 horas por dia"[6]. Fellini enviou um telegrama: "Vi o seu filme ontem e preciso dizer-lhe de minha emoção, meu entusiasmo. Desejo-lhe muita sorte em seu caminho". E datou: 4 de setembro de 1968[7]. Todavia, nem todos curtiram o romantismo de sua oitava obra. Pauline Kael foi fiel a si mesma ao classificá-lo como o maior filme de amador de todos os tempos. Sendo mais objetivo, eis o que ela disse: "*2001: Uma Odisseia no Espaço* é um filme monumentalmente sem imaginação"[8].

Paciência, não dá para agradar a todos. No caso de *2001*, até que houve gente sensata. Na última rodada da revista *Sound and Site*, em abril de 2015, 358 diretores de todo o mundo elegeram *2001* como o segundo melhor filme de todos os tempos, só perdendo para *Viagem a Tóquio* (1953) de Ozu. Perdão, Kael, desculpe Andrei Tarkóvski, gosto se discute, sim. Nesse capítulo, a razão está com Fellini, o *vecchio paglaccio* do comando da sua nave de plástico soltou uma pérola: "Il problema dell'umanità è che l'arte è molto conservatore" (O problema da humanidade é que a arte é muito conservadora).

---

[6] Em março de 1969, Yoko Ono e John Lennon promoveram o seu primeiro *bed-in*, que consistia em ficarem deitados nus ou então vestidos de branco, no luxo da suíte presidencial do Hotel Hilton de Amsterdã, em nome da paz mundial, cercados por um batalhão de jornalistas de toda a aldeia e, sempre que sobrava uma deixa, John Lennon encaixava um convite para que toda a população do mundo assistisse a *trip* do vendedor de balões.

[7] No gracioso livro de Giovanni Grazzini, *Fellini, Entrevista Sobre o Cinema*, editado pela Civilização Brasileira (1986), o diretor italiano, ao fazer uma lista de seus diretores preferidos, reserva o primeiro lugar para o nosso amigo Kubrick, seguido por Orson Welles, Huston, Losey, Truffaut, Visconti, Hitchcock, Rosi, Lean. Federico e Kubrick mantiveram uma variada correspondência em meio a uma admiração recíproca.

[8] Stanley Strangelove, *The New Yorker*, 48, 1 jan. 1972.

Kubrick não ficou calado e deu o troco aos seus críticos Para cada bomba derramada na face da Terra, o menino do Bronx saía em defesa da paz de forma radical, movido que estava pela efervescência dos *sixties*. Destemido, o vendedor de balões, em parceria com a Criança das Estrelas, atira o osso lá para cima crente que o bem iluminará a formação de uma nova energia. Kubrick parecia à vontade pensando no fim como começo e se por acaso os corações duros lhe acusassem de romantismo, ele daria de ombros a repetir o poeta alemão Friedrich Schiller: "Todo gênio tem que ser ingênuo, ou não é gênio. Apenas sua ingenuidade o torna gênio."[9]

Quando Kubrick começou a filmar seu oitavo longa-metragem em 1966, o mundo tremia sob o impacto das mudanças que se agitavam no horizonte[10]. Assíduo leitor de jornais e revistas, o diretor entrara em estado de atenção. A exemplo de outros artistas do século XX, fora sacudido pelas multidões ocupando as ruas das cidades mais democráticas e prósperas da Terra. O movimento *hippie*; a pílula anticoncepcional; o casamento aberto; os Panteras Negras; o assassinato de Martin Luther King; a revolução cultural na China; as insurreições populares explodindo aos montes de Norte a Sul do território estadunidense; as ditaduras militares na América Latina; a dura repressão britânica aos movimentos de libertação na Irlanda do Norte; a brutal invasão dos tanques russos na Tchecoslováquia; a eleição de Nixon "Tricky Dicky"; a Ofensiva Tet no Vietnã; a Corrida Espacial; a chegada do homem na lua; a minissaia; o feminismo; a arte *pop*. E como um coroamento de tudo isso, os meninos de Liverpool nos reservaram um lugar na primeira classe da nave "Lucy in the Sky with Diamonds", do álbum *Sargent Pepper's Lonely Hearts Club Band*, de 1967. Firmava-se a onda do *consciousness-expanding experiences* (experiências de expansão da consciência). A pedida era viajar a bordo do LSD, droga alucinógena produzida em laboratório.

9   Friedrick Schiller, *Poesia Ingênua e Sentimental*, estudo e tradução de Márcio Suzuki, São Paulo: Iluminuras, 1991, p. 35.
10 O filme custou doze milhões de dólares e cinco anos de trabalho, entre criação, filmagem e pós-produção. Rodado no MGM, Borenhamwood, na Inglaterra, em colaboração com a Nasa e filmado em Super Panavision, Technicolor e Metracolor. Estreou em Nova York em abril de 1968 e em setembro do mesmo ano em Paris. Na época, Kubrick morava numa mansão em Long Island. O diretor e a família se mudaram de vez para a Inglaterra no começo de 1969.

O Ocidente buscava uma ponte cultural com o Oriente através da música, da ioga, todo mundo lia *O Livro Tibetano dos Mortos*. A vontade de começar tudo de novo contaminara o mundo inteiro[11]. Nos austeros templos da intelectualidade, cérebros ilustres punham no papel a sustentação teórica que iria se alastrar que nem fogo nas mentes das pessoas, a maioria jovens. Entre esses sábios se destacava o filósofo Herbert Marcuse, mais tarde considerado o construtor do antiautoritarismo como ideologia e defensor da ideia de que o desenvolvimento tecnológico possibilita a utopia.

Um capítulo à parte nessa onda de arautos da transformação atende pelo nome de Timothy Leary. Timmy sacudira o planeta. Queria que a população tomasse LSD, abrindo-lhe as portas da percepção para uma consciência cósmica libertária e igualitária. Fogo nesse maluco. O tiro fora dado pelo recém-eleito presidente Nixon que disse que o professor demitido da Universidade de Havard era o homem mais perigoso da América.

Quando a odisseia de Kubrick e de Arthur Clarke chegou às telas, o público que lotava os cinemas sentiu que a sua mensagem levava em conta as aspirações das tribos libertárias[12]. E logo percebeu que se trata de obra criada por exímio navegador do espaço cinematográfico. Clarke costumava chamar a Criança das Estrelas de o filho do dr. Fantástico, referindo-se ao contexto dos dois: o primeiro simboliza a opção pacifista e irreal da salvação do mundo enquanto o segundo não dá trela, a evolução humana é terminal, sobrará apenas a praga radioativa no horizonte.

11   Em 1968, o símbolo do Estado brasileiro era a mordaça. Vigorava no país o terrível Ato Institucional n. 5. A imagem cinematográfica do ano estava estampada no cartaz de *O Bravo Guerreiro*: o ator Paulo César Pereio põe na boca o revólver engatilhado. Também é de 1968 *O Bandido da Luz Vermelha*, em que Rogério Sganzerla subverte os elementos fílmicos tradicionais utilizando-se da colagem e da fragmentação. O Brasil esquentava os tambores para o desbunde tropicalista que explodiria a seguir, após a grande repercussão da peça *Roda Viva* de Chico Buarque pelo grupo Oficina, em São Paulo. No ano anterior, surgira o Cinema Marginal, com o extraordinário filme de Ozualdo Candeias, *A Margem*, abrindo caminho para os profanadores Luiz Rosemberg Filho, Andrea Tonacci, Carlão Reinchenbach, Neville D'Almeida, Júlio Bressane e José Silvério Trevisan.

12   A célebre canção de John Lennon e *2001* apresentam curiosas semelhanças. Ver "Give Peace a Chance": "Integrations, meditations, United Nations, congratulations [...] All we are saying is give peace a chance". Na penúltima estrofe a canção cita vários famosos: "Everybody is talking about John and Yoko, Timmy Leary, Rosemary". O dorminhoco Marshall McLuhan mostrou estar acordado ao escrever que Timothy Leary foi "the Ulisses of the innertrip. The Homer of the eletronic age".

Como ficar indiferente diante da morte brutal de Martin Luther King? *2001* estreou em 3 de abril de 1968, quatro dias depois da população atear fogo em 25 cidades estadudinenses. Kubrick, visitante diário do jornal *The New York Times* se impressionara com o florescimento da semente plantada nas décadas de 1950 e 1960. Na sua terra natal, já em 1964, o movimento havia atingido o *status* de revolta irreversível. No verão daquele ano, foram mais de trezentas rebeliões urbanas. Em discurso para cerca de 500 mil pessoas, Martin Luther King acusava o governo dos Estados Unidos de ser o maior fornecedor de violência do mundo. A comoção tomara conta do mapa, o país inteiro ecoava o bordão: "Hey, LBJ [Lyndon Baines Johnson], quantas crianças você matou hoje?" Na Inglaterra, a população cantava "We will win / Paris, London, Rome, Berlin." David Bowman ao morrer e fundir-se na Criança das Estrelas calava fundo, porque tinha tudo a ver com o clamor mundial para refundar a Terra.

Pessoas de seu país se suicidavam em praça pública em ato contra o envolvimento militar dos EUA no Vietnã. A grande maioria dessas cenas foi filmada e fotografada, o que, certamente, chocou o diretor. O primeiro suicídio foi o de Alice Herz, uma senhora de 82 anos que se matou ateando fogo em suas roupas embebidas de querosene, numa rua movimentada de Detroit, Michigan, em 16 de maio de 1965. Logo depois, em novembro, Norman Morrison imolou-se em frente ao Pentágono do governo dos Estados Unidos. No mesmo mês e ano, o jovem universitário católico Roger Allen LaPorte pôs fim a sua vida, suicidando-se em frente da biblioteca Dag Hammarskjold, anexo do prédio da ONU, em Nova York. Florence Beaumont, no centro de Los Angeles, virou uma bola de fogo no dia 15 de outubro de 1967. Na Califórnia, em San Diego, o estudante George Winne Jr., imitando o monge budista Thich Quang Duc, matou-se na Ravelle Plaza no campus da Universidade da Califórnia, dizendo, antes de riscar o fósforo: "Eu acredito em Deus e em vida após a morte e eu os encontrarei lá". O sacrifício supremo pela humanidade lhe subiu à cabeça e o vendedor de balões levou isso lá para as alturas, preparando o caminho para a redenção em forma de uma criança que mora nas estrelas. O gigante sensibilizara-se com o discurso proferido por Marcuse, nas cerimônias fúnebres celebradas um dia depois da morte de Winne Jr.

Em 1968, houve uma noite especial em Nova York. O italiano Luciano Berio apresentou ao mundo a sua *Sinfonia*, incluindo, no segundo movimento, oito vozes cantando a glória da palavra que escande o nome Martin Luther King. No movimento seguinte, o vocal interpretava trechos de Samuel Beckett que se misturavam aos bordões dos estudantes de maio de 1968 na Paris das barricadas. Portanto, na tela sonora e na tela visual, digamos assim, vivíamos a temporada de tempos revolucionários. Kubrick e Berio haviam aderido à luta social, por que não?

O nascimento da Criança das Estrelas simboliza o florescer da paz concreta. Sob a benção da mão negra, Martin Luther King luta nas ruas das cidades de todo mundo, porque é essencial nunca parar de lutar. Kubrick estava pondo em discussão a questão da luta permanente e o que o tema tem a ver com a paz. John Lennon transformou isso em letra de música quando compôs "Give Peace a Chance" (Dê Uma Chance à Paz, 1968). Supomos que até um pouquinho influenciado pela conversa que ele ouvira no filme do *brother* Kubrick.

2001: Uma Odisseia no Espaço tem três tempos: a aurora, o crepúsculo e a bonança. Primeiro, a evolução do ciclo da vida; segundo, o ocaso por causa das guerras intermináveis; e, por fim, a nossa refundação festejada pela presença da Criança das Estrelas, a guardiã da esperança. Em 1968, Kubrick afirma: "somos nós quem devemos administrar nossa própria luz"[13]. Fomos macacos; moramos em cavernas; passamos fome; inventamos a arma; e, um milhão de anos depois, desenvolvemos a fala; e, mais três milhões de anos depois do depois, produzimos a Discovery. Decerto, a ciência e o avanço tecnológico nos ajudarão a voltar a sonhar com um futuro de paz e prosperidade. A Criança das Estrelas, em sua rápida aparição, esboça um sorriso de crença nessa possibilidade. Enviada por luzes supremas, a energia da Criança das Estrelas recuperará a Terra dos seus erros históricos e a livrará da mutilação. Esse Kubrick é um poema visionário para ser visto como se fosse uma oração de ninar para um mundo que tem jeito, pois nem tudo é tédio. Dá-lhe Kubrick, venha de lá com suas repentinas mutações. Em 1957, o diretor foi soldado do real (*Glória Feita de Sangue*), e em 1968, militou no fantástico-social desfraldando a Odisseia da Criança das Estrelas.

---

13 Frase pinçada da entrevista a Eric Norden, reproduzida em A. Castle (ed.), op. cit., p. 398.

O lobo das elipses não disfarça o seu prazer em construir uma ilusão que nos sirva de alívio. Luis Buñuel, que escancarou sua admiração por Kubrick, sempre reforçava em seus comentários que apreciava o cinema que mente porque essas mentiras são embelezadoras. Kubrick nos premiou ao imaginar a cura do planeta como se as bombas fossem borboletas e os homens maus dessem lugar aos homens dignos.

Clarinetas, trompas, cordas, teclas, tambores, valsa e vozes do espaço contracenam na odisseia disfarçada de ficção científica. Há muita turbulência na rota, mas era como se alguém estivesse cantando no meio do temporal. A doce voz ecoa pelos interiores do trem onírico no qual viajamos em busca de um futuro que não nasça morto[14].

Certa vez, o cineasta francês Abel Gance descreveu em quatro sentenças o que é um grande filme. A frase parece ter saído escrita para *2001*: "Um grande filme? Evangelho do amanhã. Ponte de sonho lançado de uma época a outra. Arte de alquimista, grande obra para os olhos."[15]

2001: Uma Odisseia no Espaço se derrete em carinho, pois a esperança aterrissa em suas imagens, ficando fácil pegá-la com a mão. Por certo, o astronauta Kubrick comovera-se com as *calientes* palavras de Schiller: "Seid umschungeen ihr Millionen" (Recebam esse abraço, ó Milhões)[16].

14   Demorou, mas dessa vez Kubrick acertou no pôster. Por fim, um cartaz feito por quem é do ramo. Foto dramática, título conciso: "the ultimate trip" (a última viagem). Muito possivelmente, Kubrick se motivara depois de conhecer o célebre pôster de Bob Dylan. Aquele em que, na cabeça do cantor, em vez de sua cabeleira cheia, tínhamos ondas pintadas com cores vivas que pareciam se movimentar como se ouvissem música. No ombro do cantor, quase como se fosse um mero detalhe, o designer Milton Glaser inseriu a palavra DYLAN. No ano de sua edição, 1966, a tiragem desse cartaz superou a cifra de seis milhões de exemplares. Quanto ao cartaz do filme *2001: Uma Odisseia no Espaço* (*the ultimate trip*), o diretor gostava tanto que num cantinho à esquerda imortalizou o nome STANLEY KUBRICK.

15   Sem cerimônia, Abel Gance escreveu isso em 1927 sobre *Napoleão*, seu trabalho mais conhecido. Há uma declaração de Kubrick dizendo que o filme de Gance é uma obra-prima, mas há também uma declaração dele ao crítico Gene Phillips falando que fazia certas reservas à superprodução de Gance. "Se eu fosse Napoleão, não gostaria nada de me ver representado nessa película", foram as palavras do gigante.

16   "Hino à Alegria" ou "Ode à Alegria", poema de Friedrich Schiller escrito em 1785 e cantado no quarto movimento da *Nona Sinfonia*, de Beethoven.

10

VAI
UMA
NARRAR-LHE
PUNIR
AI?

10

VAI UMA LARANJA PUNK AÍ?

> Bela é a fúria da máquina
> que intenta apanhar-nos em nosso destino.
>
> SEBASTIÃO UCHOA LEITE[1]

Clockwork Orange (Laranja Mecânica) é um filme desafiador pelo despojamento com que une o novo e o velho na figura de Alex DeLarge. O jovem inglês é fanático por uma música dos tempos antigos, a *Nona Sinfonia*, de Ludwig van Beethoven. Pois bem, é desse *droog*[2], desse curioso habitante de uma Londres podre dos anos 1970 que o monstro vai tratar. Portanto, seremos introduzidos a Alex DeLarge e a sua gente, os sociopatas que quando o terror está explodindo em seus corações entoam "Cantando na Chuva": "I'm singin' in the rain / Just singin' in the rain / What a glorious feeling / I'm happy again / I'm laughing at clouds / So dark up above? The sun's in my heart / And I'm ready for love" (Estou cantando na chuva / Apenas cantando na chuva / Que sentimento maravilhoso / Estou feliz novamente / Estou rindo à toa / Então, está escuro lá em cima? O sol está em meu coração / E eu estou pronto para amar).

Kubrick incursionara por tantos tempos e espaços que uma obra amoral àquela altura do jogo cairia bem para contrabalançar com a toada pacifista que ele compusera em *2001: Uma Odisseia no Espaço*. O diretor, após se conectar com a Criança das Estrelas ia ter pela frente, exatamente o contrário. Agora, ia filmar a "Fruta do Mal", o

---

1 *Obras em Dobras*, São Paulo: Duas Cidades, 1988.
2 No romance que dá origem ao filme, Anthony Burgess cria um vocabulário dos delinquentes chamado de *nadsat* que não tinha nada a ver com a língua que era falada na Tradicional Sociedade Austera. São gírias utilizadas pelos jovens, dentre as quais *droog*, que significa "amigo".

delinquente Alex DeLarge (Malcolm McDowell). O precoce homicida foi escolhido pela Tradicional Sociedade Austera para ser submetido ao Tratamento Ludovico, técnica que concilia o uso de drogas com um procedimento médico orientado por cientistas e psicólogos para recuperar "socialmente" os condenados pela Justiça.

Laranja Mecânica levou nove meses de filmagem, quatro de roteiro, seis de montagem e gira como uma fábula *punk* de pesado poder explosivo por dramatizar uma experiência de completa adesão ao mal. Alex é um psicopata sanguinário que ostenta a condição absurda de amar a arte erudita e a violência. Esse dado incongruente serviu de munição para o nosso dileto diretor, esfregando as mãos e dando pulinhos de alegria, engendrar um contraponto malicioso, um enredo burlesco de riso feroz ao longo de 137 minutos de pura adrenalina. O gigante içara as velas de sua fantasia colorindo-a com um visual antecipador (a estética *punk*) e a recheando com aplicações próprias a um cérebro em plena função de desfuncionar clichês de linguagem.

Alex, Georgie, Dim e Pete são quatro crias de um mundo apodrecido. São bons em transmitir excitação. São cães selvagens e livres para atacar. Tocaram fogo na floresta alegando que as raízes morreram. Os idiotas se prestam ao papel de instrumentos do motim. Não vimos nenhum deles se queixando da vida. Ninguém pensa em abandonar os saques, os estupros, o leitinho branquinho, fresquinho, cheinho de ultraviolência. Alex tem o dom de fazer a realidade se mover em torno de suas vontades. O impostor age pela desagregação, o bando, a toda hora, é o objeto de sua constante prática desagregadora. Cúmplice da corrupção, o estrupício não está nem aí para justificar seus desvios. E quanto às vítimas, ora, elas que vão mamar nas tetas das estátuas. Interessa que o "papai aqui", Alex DeLarge, está "de boa"! Nisso, Alex combina com seus amigos, basta ver a cara de alívio depois que a galera descarrega sua violência. Combina também em outro ponto: a horda tem o saque como direcionamento, a linguagem que os *droogs* entendem. Por vezes, é como se vivessem numa eterna festa a entoar a canção "Princes of the Universe", conhecida originalmente na voz de Fred Mercury: "Here we are born to be Kings / We're the princes of the universe / We're come to be the rulers of your world / I'm mortal, I have inside me blood / I have no rival, no man can be me equal." (Nós nascemos aqui para ser reis / Nós somos os príncipes do universo / Nós viemos para ser os governantes do seu mundo / Eu sou mortal, tenho sangue dentro de mim / Não tenho rivais, nenhum homem pode me enfrentar.)

Aquela era uma noite boa para a "visitinha surpresa". Então os anjinhos de branco estacionam o Durango 95 na estradinha da mansão, descem do carro no passo dos macacos de *2001: Uma Odisseia no Espaço* e se dirigem à campainha do lar futurista já com a lábia pronta: "desculpe, senhora, houve um terrível acidente...".

Bom, o resto todo mundo conhece: Alex, Georgie, Dim e Pete entram na casa dominando a mulher, interpretada por Adrienne Corri, e acertam um cinematográfico pontapé na cara do maridão, o escritor Frank Alexander, interpretado por Patrick Magee. Logo se inicia o balé dos agressores, eles barbarizam o casal de burgueses. E para esquentar o lance, Alex, se valendo de seus conhecimentos musicais, põe-se a cantarolar a sapateante "Cantando na Chuva" e, nossa, como Gene Kelly caíra bem naquele momento![3] Em câmera baixa, Kubrick filma o dono da casa prestes a ser agraciado com um par de chifres, pois os bondosos rapazes haviam cortado as roupas da mulher, preparando-a para o indefectível *in-out in-out* (*sexo*). Então, muito gentil, muito atencioso, o líder do bando agacha-se e cara a cara com o novelista, impossibilitado de falar e de se mexer, lhe diz em *nadsat*, mas com o devido bom acento do Norte da Inglaterra: "Viddy well, little brother, viddy well."[4] No carro conversível que devora estradas e que ameaça a vida de meio mundo, os *drooguinhos* drogaditos uivam que nem bichos, um pio de ave agourenta saiu do bico do reservado vermezinho de nome Pete, interpretado por Michael Tarn. A visualidade da *Nona Sinfonia* de Kubrick é um feitiço de fundas implicações. Um de seus pontos altos é a estética pop. Pop extravagante: a decoração do Korova Bar. Pop bizarro: os uniformes dos *droogs*. Pop cintilante: a loja de discos

---

[3] No documentário *Laranja Mecânica* (2001) de Michel Ciment e Antoine de Gaudemar, o ator Malcolm McDowell conta que em certo evento nos Estados Unidos aproximou-se de Gene Kelly de mão estendida, apresentando-se como o intérprete que entoa "Cantando na Chuva" no filme de Kubrick. Kelly olhou para ele de cima a baixo e lhe deu as costas, indo embora sem pronunciar uma só palavra.

[4] A palavra *viddy* significa *veja*.

onde Alex conhece as duas *devotchkas*[5]. Pop minimalista: o quarto dele, na casa dos pais, sob a benção do enorme pôster de Beethoven. Pop zoológico: a cobra serpenteando pelo dormitório. Pop futurista: a casa visionária do escritor Frank Alexander. Pop *punk*: os cílios postiços, as correntes de Billie Boy e a gangue. Pop *kitsch*: a sala de visitas do apartamento dos pais de Alex. Numa palavra: quando se trata de filmar o *horroshow*[6], Kubick toma isso como se fosse um ponto de honra.

Os anjinhos de branco são flores de criaturas, mas espera lá, no caminho deles, ia cruzar uma exceção: a *catlady* interpretada por Miriam Karlin, a única pessoa que se atraca com os mamadores do leitinho eletrizante. A voz da escultora é chata, a postura arrogante e ela é louca por gatos (como Kubrick), mas não hesita: empunha a escultura de Beethoven e parte para cima dos agressores: "I'll teach you to break into real people's houses" (Vou ensiná-los a [não] entrar em casas de pessoas reais). O fim da *catlady* é heroico. A escultora morre em nome da liberdade de expressão. Após matá-la, Alex se livra da arma do crime, o pênis enorme de porcelana branca e tenta fugir, mas é traído por seus comparsas. Leva uma garrafada de leite nos olhos. A polícia chega à casa da vítima e algema o vagabundo. Os seus amiguinhos, "solidários", deram no pé.

Condenado por homicídio, Alex vai mofar na cadeia. Na tomada aérea do Presídio de Parkmoor, ouvimos a *voice over* do vândalo soltando os seus demônios:

> Esta é a parte realmente chorosa e ao mesmo tempo o trágico começo da história, Oh, meus irmãos e únicos amigos. Depois de um julgamento com juízes e júri, e algumas palavras bem duras ditas contra seu amigo e humilde narrador, ele foi sentenciado a quatorze anos em Staja n. 84F, entre pervertidos malcheirosos e *prestoopnicks* impiedosos, o choque enviando minha batida dadá, seus *rookers krovvy* com hematomas contra o injusto Bog em seu Paraíso, e minha mãe *boohooing* no seu luto de mãe por sua criança e filho único de seu seio como deixando todos lá em verdadeiro *horrorshow*.

---

5   "Garota" em *nadsat*.
6   "Maravilha" em *nadsat*.

Na prisão, o deletério cidadão se transforma em bajulador espúrio, passa horas lendo a *Bíblia* só para ganhar pontinhos com o capelão do presídio. O obediente 655321 mantém a sua cela em ordem, arrumação que chama atenção do ministro do Interior da Inglaterra, interpretado por Anthony Sharp, quando em visita à penitenciária. Alex era jovem só no excesso, porque no mais era bem calculista. Ele tinha planos. E, bom para ele, agirá sozinho, livre dos mentecaptos Georgie, Dim e Pete.

A mentira e o demônio cavalgam soltos nas imagens do filme. Até na hora em que o casca-grossa Alex libera suas visões, tudo é distorcido. Lembra-se das quatro miniaturas de Cristo? Céus, que Cristos mais demoníacos! A mentira invade a lógica da história. Quer algo mais patético do que Alex na banheira da casa do escritor a entoar "Cantando na Chuva", justo no lar da visitinha surpresa? (Putz, que caretas medonhas fez Patrick Magee!) O grande acerto do filme é personificado pelo excepcional Malcolm McDowell que teve a sacada de perceber o que Kubrick estava querendo. O ator foi deveras ativo na criação desse impagável pontapé nos "bons sentimentos". Sua colaboração foi dos pequenos aos grandes detalhes, vários críticos o consideram coautor da obra. Malcolm captou que não era um Alex dramático que Kubrick desejava, ele queria mesmo era um sofrimento pastelão, uma maldade cômica, uma caricatura cheia de falsidades. Encenar uma tragédia como quem dá uma estridente gargalhada acendeu o fogo dos detratores de plantão, mas isso fica para depois, quando for hora de falarmos da crítica. Quanto ao envolvimento de Malcolm, foi total. O nome da personagem que interpreta, Alex DeLarge, foi ideia dele. Quando ouviu o nome, Kubrick nem pestanejou. Fazia absoluto sentido, pois o filme está cheio de conotações sexuais. O acento da região Norte foi outra sugestão do ator, um acento com a cadência mais doce que a do *cockney*. No artigo "Masks of Violence", a *designer* Marisa Buovolo informa que o ator escolheu a maquiagem do olho e decidiu que ficaria melhor se só um olho fosse pintado[7].

Na história do cinema, os filmes que retratam jovens rebeldes soam ingênuos. Isso vem desde os tempos de *The Wild One* (O Selvagem, 1953), o célebre filme em que Marlon Branco é um motociclista. De

---

7   Cf. catálogo da exposição "Stanley Kubrick", Deutsches Filmmuseum and Deutsches Architektur Museum, Frankfurt, 2004, p. 148.

outro lado, na tevê, *Glory in the Flower* (Glória Florescendo, 1953), com direção de Andrew McCullough e James Dean no elenco, explora o repetido filão por onde navega a toada tola e conformista. A verdade é que diretores do quilate de László Benedek, Nicholas Ray, Richard Brooks e Dennis Hopper realizaram preciosas obras no gênero jovens rebeldes, porém se complicaram diante da visão açucarada a que eram submetidos. Abençoada hora em que Kubrick tratou de gerenciar o seu circo. Reconhecemos que esse pessoal criou cenas exemplares. Desconhecemos sequência mais marcante do que as mortes de Billy the Kid (Dennis Hopper) e Capitão América (Peter Fonda), em *Sem Destino* (1969), quando o amigo corre desesperado em busca de socorro para o companheiro que após ser baleado, agoniza no asfalto perto da motocicleta e do capacete pintado com as estrelas da bandeira do seu belo e grande país.

Nos primeiros filmes de jovens rebeldes, vamos chamar assim, a droga foi tratada de maneira muito tímida, havia um quê conservador, pertinente à moral da época. *Laranja Mecânica*, que figura entre os pioneiros, destaca-se por sua abordagem direta, tanto na primeira quanto na segunda parte. Antes da prisão, o consumo da droga aparece de maneira cenografada, toda branquinha no copo longo, diretamente do seio da manequim, como se fosse o leite materno para o bando de bebês saudáveis. Na penitenciária, a droga age direto no cérebro, no corpo e na personalidade do paciente, tudo sob o controle da ciência médica e da tecnologia avançada, visando não à conscientização, mas à domesticação do comportamento. A psiquiatra, interpretada por Pauline Taylor, assistente do criador do método, o dr. Brodsky interpretado por Carl Duering, mostra-se muito compreensiva quando nos avisa que Alex ia apenas ver uns filminhos...

Já em *Sem Destino*, o que não faltam são cenas de consumo. No comecinho do filme, Phil Spector testa o nariz na "farinha" de boa procedência enquanto, logo depois, a fumaça da *marijuana* enlaça os movimentos das máquinas em trânsito pelo coração da nação norte-americana. Na sinfonia do amigo Kubrick, o consumo é até público. Na primeira parte, a droga brota do seio do manequim em um bar londrino, na segunda parte, em certo local, a droga é aplicada em um espectador solitário: Alex DeLarge, amarrado na cadeira, assistido pelo dr. Brodsky, que conversa com ele de uma cabine e por um enfermeiro que lhe pinga, sem parar, colírios nos seus olhos dilatados pela pressão de pinças metálicas. Pois bem, a cobaia é forçada a assistir uma projeção de trechos de filmes violentíssimos, sanguinários e cruéis. Portanto, em *Sem Destino*, a droga estava ligada ao prazer enquanto em *Laranja Mecânica* está associada tanto ao Tratamento Ludovico quanto ao entorpecente, a "bola" que ajudará os usuários na hora do saque. Enquanto no primeiro filme a droga goza de um contexto real, factual, no segundo é pura fantasia, um pretexto para Kubrick inventar um belo *horrorshow*, inaugurando um desvio na viagem habitual.

As liberdades tomadas em sua laranja *punk* fizeram muitos cérebros migrarem para uma visão mais aberta e mais solta. O recado do diretor foi ficando cada vez mais claro: distinto público, aqui em *Laranja Mecânica*, não tem esse negócio do rebelde bom menino. O nosso herói, Alex, o pulha, quer triunfar e para isso não hesita em carregar sua arma com a pólvora da maldade. E veja que negócio maluco, o diretor gostou tanto de purgar essa crueldade que pegou a claquete de *Laranja Mecânica* e ofereceu, com letras maiúsculas: TO MOTHER + DAD WITH ALL MY LOVE, STANLEY (Para Mamãe + Papai com todo o meu amor, Stanley).

Os filmes de jovens rebeldes tomaram outra feição. Hoje a tendência é uma reversão de rota. Os filmes nos quais os jovens abraçam as boas causas batem recordes de visualizações. Temos alguns deles aqui nessa pequena lista: 1. *The Spetacular Now* (O Maravilhoso Agora, 2013), com direção de James Ponsoldt, surpreendente, tem gente jovem que crê no Amor; 2. *Short Term 12* (Temporário 12, 2013), dirigido por Destin Cretton, outra surpresa, onde já se viu nesses tempos de atrocidades alguém sustentar que o barato da vida é ajudar os outros? 3. *Boyhood* (Boyhood: da Infância à Juventude, 2014), direção de Robert Linklater, quem sabe viver as coisas simples do tempo comum está mais apto a aproveitar o lirismo da vida? 4. *Entre les Murs* (Entre os Muros da Escola, 2008), direção de Laurent Content, vibrante docudrama francês onde um professor toma contato com o mundo absolutamente particular do jovem que habita a periferia da Paris de hoje; 5. Por fim, *Nenhum a Menos* (1999), direção de Zhang Yimou, denso relato de uma jovem de treze anos que testemunhou porque um país com tantas dificuldades desenvolveu aquele que é considerado o melhor sistema educacional do mundo.

Alex prioriza a violência para manter-se líder do bando e para proteger sua paixão pela *Nona Sinfonia*. Ele, a contradição em pessoa, destrói os manuscritos de *Laranja Mecânica*, ficção do escritor Frank Alexander. O irado rapaz desdenha das esculturas da *catlady*. Para ele, arte só a música de Ludwig van. O bicho ruim também prioriza sua ambição, deixando-se ser usado pela Tradicional Sociedade Austera. Em qual desses papéis Alex é mais verdadeiro? Vimos algumas cenas do Alex-mentira, vamos ver agora os seus "momentos-verdade".

Estamos na casa de sua família, Alex mora com o pai e a mãe, interpretados respectivamente por Philip Stone e Sheila Raynor. Lá fora, na periferia de Londres reina o caos, mas no interior do quarto respira-se uma ordem regida pelas Musas do Êxtase. A fera deleita-se ao som dos acordes de Ludwig van enquanto nós testemunhamos o milagre da arte. O asqueroso estuprador experimenta a revelação espiritual: Beethoven lhe abre a porta do alto saber. Toda a prodigiosa composição do genial músico alemão aciona naquela mente malcheirosa a sensibilidade e o entusiasmo que só a transcendência estética é capaz de produzir em nossas almas. O larápio rasgador de livros chora ouvindo trompas e oboés.

Quando Alex está a mil, ele é verdadeiro, mas quando Alex está passivo, ele está fingindo. O covarde agressor de mulheres é um torturado muito bonzinho. Aguenta firme o tranco e não denuncia ninguém. Faz só um pouquinho de barulho porque geme, grita, esperneia e chora alto. Trata-se de uma excelente bucha de canhão, portanto, com todo mérito, ganhará um emprego do ministro do Interior da Inglaterra: o marginal Alex DeLarge será um marajá pago em libras. O malandro está todo compenetrado, um amor de anjinho na imagem ícone do filme: seu rosto estatelado, as pinças nos olhos, pupilas dilatadas, uma parafernália de colírios, o terror nas córneas, os neurônios se desmilinguindo.

Laranja Mecânica é popular. Barbarizou na bilheteria e virou sinônimo de seleção craque de bola: o carrossel holandês na Copa Mundial de Futebol de 1974. Trama simples, qualquer um é capaz de resumi-la em meia dúzia de palavras.

As pessoas riem durante quase toda a sessão. Numa delas, fomos surpreendidos por uma brincadeira de dois jovens inspirados. Na saída do cinema, a moça e o rapaz se puseram a imitar o assistente social Deltoid, interpretado por Aubrey Morris, no momento em que bebe a água do copo com a dentadura. Após uma saraivada de gargalhadas, o casal começa a representar aquela "pegação" do Deltoid, quando ele fica passando a mão em Alex até lhe agarrar as bolas e o pênis. A moça e o rapaz estiveram impecáveis. Eles conseguiram traduzir o mau-caratismo do nefando assistente social que na sequência participará de uma sessão de tortura.

Não faltam em *Laranja Mecânica* cenas *fakes*. Wendy Carlos, ex-Walter Carlos, criou a beethoviana a partir da *Nona Sinfonia*. A sonoridade prima pela distorção, por vezes, a trilha sobe tanto que era como se a gente estivesse ouvindo um rock metálico e, por vezes, ela é tão doce que dá vontade de sapatear. Ou seja, nós não ouvimos a verdadeira música de Beethoven em *Laranja Mecânica*, aquilo tem outra aura, batizado sabiamente de beethoviana pela artista que a criou, Wendy Carlos.

O Tratamento Ludovico é uma mentira bem embalada. O ministro do Interior da Inglaterra, esse sim, não confunde tomada com focinho de porco e sabe muito bem que o livre-arbítrio já era. Sua resposta ao capelão do presídio:

> Padre, isto são sutilezas! Não estamos preocupados com motivos, com a ética elevada. Estamos preocupados apenas com a redução do crime. E em aliviar a horrível superlotação em nossos presídios. Ele vai ser cristão, pronto para dar a outra face, pronto para ser crucificado em lugar de crucificar.

Muita gente que se diz informada aplaude a fala do ministro. Contudo, o que de fato se passava na tela era o retrato da civilização moderna em vias de se transformar, não numa sociedade resolvida, mas neste pasto fundamentalista que exala um cheirinho de fascismo.

Não há nem sequer beijos no filme. Afetos? Nada. O que vemos são relações sexuais, em câmera lenta ou acelerada. Vemos também hediondas cenas de estupros e sórdidos atentados sexuais. Amor de verdade, recíproco, intenso, mágico, não, isso não é para o bico de moços manipulados. Os beijos em *Laranja Mecânica* são proibidos. Se o pai ou a mãe beijassem Alex, ele iria correndo limpar o rosto. A nona obra de Kubrick é uma interpretação raivosa do prazer. Eles se drogam nas esculturas em forma de mulheres nuas. Eles protegem o sexo atrás de "saqueiras" duras. E o pior de tudo: eles agridem mulheres.

Kubrick parece à vontade para fazer o que tanto gosta: explorar as contradições. Ficamos pensando que rodar aquelas cenas de violência com tanto brilho só pode ser admiração e quem sabe até mesmo uma relativa concordância. O diretor se esmerou, por exemplo, na morte da escultora. A cena se esvazia como se fosse uma bexiga de ar: a cabeça da *catlady* se oferece para que o nauseabundo Alex lhe acerte a bordoada fatal, morte a pauladas. Muito bem, aí Alex é o nojo, porém, mais adiante, vemos um Kubrick compadecido a compactuar com o pobre jovem sofredor, tão só, tão abandonado, pensando em se atirar da ponte com o pacotinho que contem tudo o que conseguiu juntar na vida.

A caricatura proposta por Kubrick incomodou a humanidade em geral. No Brasil, o filme ganhou bolinhas pretas que surgiam na tela para "tapar" o sexo frontal parcial do ator Malcolm McDowell por ordem da ditadura militar em vigor no país após o golpe de estado de 1964. Nossos cinemas, em peso, gargalhavam. Claro, é dispensável dizer que as bolinhas foram um orgasmo dos cérebros ludovicos a serviço do Estado militarista que durou 21 anos, de 1964 a 1985. A gestapo do espírito reinou em nosso país e em quase todo o continente sul-americano. Nesse particular, o chamado mundo desenvolvido se mostrou tão amigo das trevas quanto nós. O artista Stanley Kubrick não foi poupado. Ele mesmo se espantou com o ódio alavancado contra seu longa-metragem. Houve um pouco de tudo, inclusive ameaças à integridade física e a membros de sua família. A peçonha de Alex DeLarge era tão insuportável assim? Dessa vez Kubrick fora mais longe do que em *Dr. Fantástico*. Ele fora além do deboche, pois abrigou nas imagens de *Laranja Mecânica* um alerta para o mundo ameaçado pelo obscurantismo, como se estivesse em curso uma marcha-ré na história, um retrocesso digno dos tempos medievais da Inquisição, insuflado por um fundamentalismo atroz.

Não nos iludamos: Alex sente alegria na maldade. Isso o Tratamento Ludovico não consertou. Em matéria de solidariedade e compartilhamento, o safardana continua o mesmo casca-grossa de sempre. Eis um dos pontos centrais do filme, a Tradicional Sociedade Austera é ruim de serviço, os homens públicos são incompetentes e o astuto Kubrick deita e rola ao ridicularizar os policiais eternamente safados, os políticos mentirosos, os cientistas oportunistas, os intelectuais cooptados, os religiosos burocratas, o ministério público corrupto. Tudo é a maior mamata, nada é rigorosamente fiscalizado e suas caras e seus tiques são maravilhosos. Pensamos que nunca Kubrick se divertiu tanto quanto nos laboratórios que fazia com Malcolm McDowell e demais pessoas do elenco. Desses encontros, sabemos que surgiu a ideia de usar "Cantando na Chuva" na hora do assalto à casa do escritor. Por certo, a caracterização do funcionário público Deltoid nasceu de uma dessas tempestades de ideias. Aquela dele beber a água do copo de sua dentadura… Deltoid é o retrato perfeito da sordidez. Ele cospe na cara de Alex, quando este estava com o rosto em pedaços, após ter sido vítima de uma sessão de torturas. Ele escarra e lhe diz, morrendo de rir: "You are a murderer little Alex. A murderer!" (Você é um assassino, pequeno Alex. Um assassino!) No filme, Deltoid nos é apresentado como sendo um assistente social. É para rir.

 A laranja *punk* vai na batida de que tudo terminará bem para o preso 355321. O *happy end* do filme é um tiro à queima-roupa. Acertou em cheio, mexendo com os valores de gente poderosa que logo tratou de avisar ao diretor que aqui na Inglaterra: "é proibido pisar na grama". Portanto, tome castigo. O filme ficou quinze anos fora do circuito comercial da Grã-Bretanha: a mesma pena atribuída ao inofensivo *O Selvagem*, de László Benedek, que de 1953 a 1968 permaneceu trancafiado em algum porão escuro. No entanto, perto de *Straw Dogs* (Sob o Domínio do Medo), de Sam Peckinpah, que é do mesmo ano, o *punk* do subversivo Kubrick mais parece um balé de borboletas. Óbvio que a razão para a "cassação dos direitos" de *Laranja Mecânica* é a sonora gargalhada que o filme dá na cara da Tradicional Sociedade Austera. A reação conservadora em relação ao nono filme do diretor ganhou um reforço com a divulgação das críticas de Pauline Kael. Ela foi extremamente oportunista ao associar *Laranja Mecânica* ao caso Charles Manson. Em artigo publicado na imprensa, a ensaísta ignorou o anarquismo da obra alegando que o diretor quis imitar Luis Buñuel, mas que lhe falta talento para tal[8]. A célebre senhora errou ao

---

8 Cf. Stanley Strangelove, *The New Yorker*, 48, 1 jan. 1972.

afirmar isso porque Buñuel era um entusiasta declarado do trabalho de Kubrick e que mais tarde ia dedicar muitos elogios à laranja *punk*. Contudo, o estrago estava feito. A onda se propagou: Kubrick precisou ficar de plantão para responder as barbaridades que eram assacadas contra a obra. É dessa época a carta que endereçou ao editor do jornal *The New York Times* em resposta a um cidadão que esbravejava que *Laranja Mecânica* era a pura essência do fascismo.

Só mais um comentário: a bronca de Kael, que era uma conservadora, é porque Kubrick fizera um filme destruidor. Alex é a personagem que, no meio da confraternização, toca fogo no tapete, atira todos os copos no fundo da piscina, estapeia o bobalhão de óculos e quebra com um taco de *baseball* todas as telas dos monitores de som e de imagem. O problema é que no caso dele não há mais conserto enquanto nos demais filmes de jovens rebeldes, a coisa se soluciona, pois, após autocrítica, eles voltam a fazer parte da "normalidade".

Muita gente não entende a laranja *punk* até hoje. Principalmente aqueles que se metem a tecer esdrúxulas teorias, esses são os primeiros a dar com os burros n'água. A eles sugerimos esquecer os prolegômenos ensaísticos e aproveitar a risada alucinante. Risada essa que, a nosso ver, se tornou objeto de censura única e exclusivamente por causa da campanha feita pela mídia ao sustentar que *Laranja Mecânica* influenciava a juventude a cometer crimes graves. Concordamos com o pesquisador que fez amplo levantamento do exagero protagonizado pela mídia e com a respectiva conclusão do seu estudo: *Laranja Mecânica* foi apenas um bode expiatório. Se a mídia não tivesse feito o escarcéu que fez, ele teria sido assistido e digerido como qualquer outro filme que aborda a mesma temática. Nas palavras de Kubrick ao crítico Michel Ciment: "Não há provas de que a violência tenha um efeito direto sobre os atos futuros dos espectadores adultos. Na verdade, tudo indica o contrário. Foi demonstrado que, mesmo hipnotizadas ou em estado pós-hipnótico, as pessoas não fazem coisas contrárias à sua natureza."[9].

A laranja *punk* aponta para um fim com dois sentidos. Um sentido remete a Alex DeLarge que "recuperado" e inserido no mundo

---

9   Primeira Entrevista – 1972, *Conversas Com Kubrick*, p. 127.

burguês goza do prazer do sexo em cena aberta. O outro sentido remete à humanidade tonta e besta, que crê no Tratamento Ludovico para curar as doenças da civilização. Kubrick criou o mais virulento contraponto do cinema: Alex DeLarge, o assassino estuprador é aplaudido na rua. O cômico é que alguma coisa dera errado. Alex ludibriara a todos porque a sua farsa de bancar o "curado" funcionou. Observamos que, na relação sexual da última cena, ele não disfarça sua expressão triunfante, pois fora premiado com a prenda de poder soltar seus "demônios", bancado pelo Estado. Alex DeLarge desfia o cordão em sua performance de "Cantando na Chuva". A nona obra de Kubrick é afiada como a lâmina cortando na carne. O assassino logra um lugar de destaque, valeu a pena o seu esforço para tirar uma casquinha do sistema agônico. Kubrick demonstra isso de maneira impagável naquele teste cretino feito pela psicológa no final do filme: perguntas hilariantes, respostas gozadoras, há até um clima de paquera entre o "novo homem Alex" e a mocinha risonha que parabeniza o vivaldino parasita, porque ele se curara. Quem discorda frontalmente da vitória do Alex são seus ex-companheiros que por pouco não o afogam no tanquinho do terreno baldio. Eles eram apenas soldados da polícia de soldo barato, mas Alex não, Alex estava mais do que curado além de famoso e protegido pelo ministro da rainha. Por pouco, seus ex-companheiros não fizeram a justiça de matar o corrupto Alex De Large.

Toda vez que revemos o DVD, a impressão que mais resiste é a de que Kubrick teceu um filme que é uma conversa com as artes. No pequeno texto que reproduzimos ao citar a fala de Alex sobre o presídio Parkmoor, nossa intenção foi de oferecer ao leitor uma sucinta degustação do tipo de literatura que o diretor usou na sua fábula *punk*. Literatura de corte joyciano vindo diretamente da pena de Anthony Burgess, autor do livro que originou o filme. O nível literário da *Nona Sinfonia* do cineasta Stanley Kubrick não fica nada a dever à música que embala as suas imagens. O melhor da literatura e o melhor da música, pois estamos falando de Ludwig van Beethoven e James Joyce. O encontro com a arte incluiu também o teatro. A maioria do elenco ostenta em seus currículos uma sofisticada formação teatral. O excepcional Michael Bates, que faz o guarda-chefe do presídio, foi membro do Royal Shakespeare Company e brilhou nos palcos no papel de *Ricardo III*. Patrick Magee não era só ator, mas também dramaturgo e amigo de Samuel Beckett e Harold Pinter. Anthony Sharp era graduado pela Academia de Música e Artes Cênicas de Londres. Miriam Karlin pertenceu à Royal Academy of Dramatic Art e ao Royal Shakespeare Company, alcançou grande sucesso no *Diário de Anne Frank* e em *Mãe Coragem*. Steven Berkoff tinha o teatro no sangue, era ator, dramaturgo e diretor. Philip Stone foi descoberto por Kubrick num discreto teatro londrino. Aubrey Morris peregrinou pelo Art Theatre Open, pelo Regent Park e pela Broadway. Clive Francis cursou a Escola Abbey of Acting e atuou no Globe Theatre Company. Até o corpulento Warren Clark, o *droog* Dim, passou uma boa temporada no National Theatre e no Royal Court. A gesticulação, os tiques, a técnica vocal, a versatilidade de suas expressões, claro, Kubrick explorou todo esse potencial obtendo um resultado cem por cento pastelão por parte de cada um do elenco encabeçado pelo genial Malcolm McDowell. O filme também conversa com a arquitetura. Na maneira do diretor tratar a Londres estropiada, em momento de crise econômica e na roupagem pop com a qual decorou seus cenários: o bar Korova, a casa futurista do escritor Frank Alexander, o carro Durango 95, as esculturas, os quadros que povoam os cenários do filme. O próprio Alex DeLarge foi convertido numa espécie de *outdoor* ambulante simbolizando seus ódios e suas paixões. Estamos nos referindo a seus trajes, sua maquiagem, seu quarto, suas armas (punhal e correntes), sua serpente de estimação. Nessa voraz conversação com as artes, o realizador não deixou o cinema de fora. Foi direto ao cinema B. Estamos falando da sequência de cenas que trasmitem as visões de Alex. Comecemos pela mulher enforcada caindo no alçapão e cortando para Alex na pele de vampiro com presas grandes e assustadoras. Logo aparece o galpão pegando fogo e explodindo: as pedronas de papelão esmagam as pessoas. Depois há uma citação de um filme épico: Alex é um soldado romano que degola o inimigo e chicoteia o cabeludo que carrega uma cruz (que era ele). Aí Kubrick parodiou aqueles filmes bíblicos canastrões mandando Malcolm McDowell gritar, forçando o sotaque americano: "move on there!" (mova-se para lá!) E encerrando as visões, Alex mergulha no sonho afrodisíaco em *slow motion*, acompanhado pelos acordes da *Nona Sinfonia* e da sua voz triunfante: "I was cured all right" (eu estava curado, com certeza). Em outro momento, a citação ao cinema rende um riso estridente compartilhado pelo diretor e o ator Malcolm McDowell. Ocorre exatamente na penúltima cena do filme. Praticamente comendo na mão do ministro, o facínora Alex mastiga de maneira cafajeste e encara a câmera com um olhar desafiador. Sem dúvida, uma velada homenagem do diretor Stanley Kubrick ao sublime cínico do cinema, o ator W.C. Fields que ele venerava a ponto de incluir *O Guarda* na lista de seus dez melhores filmes. Na mão de um cineasta menor tudo isso resultaria numa confusão de fragmentos, mas sob a sua direção, galgou o *status* de mais uma diabrura das divinas extravagâncias cinematográficas que o monstro assinou.

Poucas obras na história do cinema têm a riqueza de variação, o improviso, o veneno, o ritmo e a selvagem irreverência de laranja *punk*. Pensamos que *Laranja Mecânica* é a experiência cinematográfica mais radical das "maquinações ocultas" do monstro Kubrick[10].

10 No cartaz o diretor de arte inseriu a ilustração de Alex nos apontando o punhal, a arma com a qual faz a autópsia da hipocrisia. O mau menino nos encara com seus três olhos, um deles, do tamanho de um ovo, aparece em cima do seu pulso. O diretor de arte, na ponta do triângulo, diagramara o título *Clockwork Orange*. Esse pôster deu o seu recado nos quatro cantos do mundo, transmitindo a desconstrução orquestrada por Stanley Kubrick, desconstrução que a rigor começara em *Lolita*.

II

RYAN
O'NEAL
NÃO
ERA
APENAS
UM
JOVEM
GUAPO

II

RYAN O'NEAL NÃO ERA APENAS UM JOVEM GUAPO

> Foi o melhor dos tempos, foi o pior dos tempos, foi a idade da sabedoria, foi a idade da tolice, foi a época da fé, foi a época da incredulidade, foi a estação da luz, foi a estação das trevas, foi a primavera da esperança, foi o inverno do desespero, tínhamos tudo diante de nós, tínhamos nada diante de nós.
>
> CHARLES DICKENS[1]

Quando parecia que tudo havia sido filmado, Kubrick apontou sua objetiva para imagens nunca antes pintadas na tela do cinema. *Barry Lyndon*, eis aí um filme de época que, sem trocadilho, marcou época, opinião compartilhada pelo chefão Federico Fellini[2].

O diretor começou por dar cabo da árdua missão de carregar a câmera Mitchell BNC com o espírito da pintura oitocentista: Gustave Coubert, John Constable, Jean-Baptiste Camille Corot, Antoon Van Dick, François Boucher, Thomas Hudson, Vonloo, os pintores de Barbizon[3]. Baseou-se na novela *Barry Lyndon* do escritor inglês William Makepeace Thackeray, que consideramos uma ficção de nível mediano, embora tenha resultado em um filme que se ancora na beleza para nos mostrar o triste retrato do crespúsculo da nobreza[4].

---

1 *Grandes Esperanças*, trad. Paulo Henriques Britto, São Paulo: Companhia das Letras, 2012.
2 Fellini em carta para Kubrick tornada pública por Richard Schickel na *Time* de maio de 1976.
3 Ken Adam, o diretor de produção de *Barry Lyndon*, diz que Kubrick se inspirou em Antoine Watteau, Thomas Gainsborough, William Hogarth, Joshua Reynolds, Jean-Baptiste Siméon Chardin, Johan Zoffany, George Stubbs e especialmente no aquarelista polonês Chadowiecki. O segundo desses pintores, Gainsborough, fazia uma pintura no estilo do quadro da jovem cortesã que o diretor utilizara em *Lolita*.
4 Cf. William M. Thackeray, *Barry Lyndon*, trad. Jorge Arnaldo Fortes, São Paulo: Artenova, 1975.

Kubrick rodou o filme em 250 dias e o editou na garagem de sua casa, em Abbot's Mead, Inglaterra. O diretor mostrou-se competente ao mesclar o *Barry Lyndon* de Thackeray com um *Barry Lyndon* que ele inventou. O romance de Thackeray é narrado na primeira pessoa, mas isso sumiu porque o monstro optara por um narrador onipresente, em *voice over*, interpretado pelo ator Michael Hordern.

Kubrick foi imprimindo na tela fatias da vida manchada por uma câmera-pincel dotada da magia de desenhar *zooms* e ilustrar panorâmicas hipnóticas. Filmou a paisagem medieval, os deslumbrantes fins de tarde, os cavalos pictóricos puxando pictóricas carruagens, as casinhas da gente simples da roça, os campos verdejantes serpenteados por lagos de cristal, os trajes da soberba elegância da corte europeia, o mar abraçando a proa do veleiro, a luxúria, a violência, o maquiavelismo, os rostos empoados e de bocas avermelhadas, as máscaras do "manto diáfano sobre a pior crueldade", para usar um trecho de um comentário de Martin Scorsese. Quando vimos o primeiro *take* gerado à luz de velas que é o diálogo entre capitão Grogan (Godfrey Quigley) e o "soldado" Redmond Barry (Ryan O'Neal), só poderíamos ter reagido com o riso de contentamento pelo esplendor estético, uma rara beleza que logo será desmascarada, dando lugar à feia realidade humana do século XVIII.

Barry Lyndon não é obra psicológica, apesar da personagem título amargar o trauma da morte do pai e de sofrer influência da mãe incestuosa: partiu da matronal figura a iniciativa do filho reivindicar o título de lorde. O filhinho da senhora Lyndon encarna um sentido equivocado de honra por ser tão arrogante quanto os nobres. *Barry Lyndon* também não é obra histórica, apesar das ofuscantes locações medievais, das carruagens cavalgando na câmera lenta do século XVIII que dormia mal ao som dos canhões da Guerra dos Sete Anos (1756-1763). Tampouco é obra romântica, pois nas suas imagens impera o clube fechado das pessoas de sangue azul e nariz empinado. Esse é o clima dominante ao longo de suas 3 horas e 7 minutos de duração. Na segunda parte do filme, Redmond Barry busca se exilar dessa onda sufocante e aí ele radicaliza, isola-se demais, a ponto de deixar que as trevas acabassem por engolir sua alma. É triste, mas é a pura verdade: ninguém gosta dele, exceto a mãe interpretada por Marie Kean, o pequeno Bryan interpretado por David Morley e o cachorro.

O desembarque do alpinista social no mundo dourado dos majestosos castelos foi muito repentino. Caprichando na pose, logo o irlandês errante conquistou o coração da condessa, a bela dama de nome Honoria Lyndon interpretada por Marisa Bereson. Todavia, logo a sua pose se desfaz porque estamos diante do herói mais trágico da obra do diretor. Na alma do ambicioso aventureiro, o espaço reservado para o sofrimento foi totalmente ocupado. Redmond perde o pai, perde o filho, perde a fortuna, perde o amor da esposa, perde a perna e se perde no mundo. Nem o bem informado narrador sabe qual foi o seu fim. Nós, os espectadores é que vemos a sua imagem congelada, sua figura de costas, tropeçando nas muletas enquanto tentava subir na trôpega carruagem.

Sempre nos perguntamos por que o duelo do começo do filme foi filmado de tão longe. Depois de ver e rever chegamos a uma explicação satisfatória. O plano geral servia para mostrar o movimento do pai sob o impacto da bala na cabeça, susto visual necessário para nos avisar que o destino do filho do homem que agonizava se pautaria por rancor e dificuldades durante uma época de transformação social. Portanto, o *take* tinha a finalidade de representar o significado da perda do pai e por consequência o desemparo que isso terá na vida do órfão. Lembramos de Edward W. Said e sua definição de romance, que se aplica ao que acontece em *Barry Lyndon*: "O romance trata invariavelmente de nascimentos, supostas orfandades e raízes redescobertas, bem como da invenção de um novo mundo."[5]

Kubrick mostra-se generoso quando trata de proteger o aventureiro Redmond Barry. A cena começa com a câmera descrevendo a pequena estátua de pedra e logo vemos que aquela tarde chuvosa nos reservará momentos reveladores. Com a benção dos céus, o moço irlandês tinha diante de si Nora Brady, interpretada por Gay Hamilton, no jardim do inverno, longe de qualquer possibilidade de serem interrompidos por terceiros. Ela e ele jogavam cartas ao som de uma velha canção irlandesa, "Women of Ireland". Bonita a jovem não era, mas pouco importava. A estátua tinha poderes mágicos e assim foi capaz de transformar uma chuvinha miúda em apoteóticos

---

[5] Cf. *Estilo Tardio*, trad. Samuel Titan Jr., São Paulo: Companhia das Letras, 2009.

instantes de romantismo. O casal troca palavras e os respectivos suspiros se perdem ao acaso. Subitamente, Nora levanta-se e ordena que o primo se vire de costas e olhe para a parede. Então a rapariga comunica a Redmond que escondera a fitinha cereja em alguma parte do corpo e ficaria brava se o mancebo não localizasse o enfeite. Ela toma-lhe as mãos e as coloca entre os seus seios pelo decote do vestido, dizendo: "vou lhe dar uma pista." As mãos do rapaz descem nas reentrâncias do decote, tocando nas flores juvenis da priminha namoradeira. Nora Brady atiça-lhe brasas ferventes e beija-lhe a boca em um jorro de desejo. Melhor não podia ser, os sinos anunciavam que apesar do temperamento tempestuoso e do carma de carregar nas costas abandono e ruína, Redmond Barry estava predestinado a levar a vida movido pelo instinto e por seu despojamento de procurar aventuras mundo afora.

Uma curiosidade: Vivian Vanessa, filha de Kubrick e Christiane, sentindo-se atraída por Ryan O'Neal, foi tomada de forte paixão pelo ator durante as filmagens de *Barry Lyndon*, ocorridas entre 1973 e 1974. Na época, ela estava com treze anos e isso gerou um clima de desgaste entre o ator e o diretor. O pai possessivo não perdoava Ryan O'Neal, porque esse não movera uma palha para desestimular aquela paixonite de adolescente. *Lolita* era interessante na ficção, mas na vida real... O mal-estar permaneceu. Ryan O'Neal não foi visto entre os convidados que foram se despedir do mestre por ocasião das cerimônias fúnebres levadas a cabo por seus familiares em Childwickburry. Há quem diga que O'Neal deveria ser o narrador do filme, mas por conta dessa saia justa, Kubrick contratou o ator Michael Hodern que fez aquela beleza de narração em *off*.

O problema é que quanto mais Redmond Barry se ensimesmava, mais expressava o seu jeito irlandês, e isso era um problema no reino do preconceito social. *Sir* Charles Lyndon, interpretado por Frank Middlemass, marido da bela condessa, tinha razão: o jovem caipira irlandês ambicionava viver no castelo da nobreza inglesa, de preferência, na cama da dona das terras. Acontece que o topetudo era bom de briga e invencível na esgrima. Pior ainda: tinha alma de cobrador, executava esse serviço com prazerosa dedicação e comprovada eficiência. Melhor ainda: seu caráter era permeável às circunstâncias.

A trama de *Barry Lyndon* foi conduzida como se conduz uma novela de televisão. Justo na hora em que a fortuna da condessa está chegando ao fundo do poço, eis que reaparece lorde Bullingdon, interpretado por Leon Vitali, no papel de um vingador. Na penúltima sequência, a câmera fecha na mão feminina que rubrica o nome H. Lyndon. Na tela vemos a condessa, o lorde Bullingdon, o reverendo Hunt (Murray Melvin) e o contador Graham (Philip Stone). Todos estão no castelo, feitos figuras mortas, prontos para serem cercados por um letreiro conclusivo: "It was in the reign of George III that the above named personages lived and quarreled; good or bad, handsome or ugly, rich or poor, they are equal now" (Foi no reino de George III que as personagens nomeadas acima viveram e altercaram; bom ou mau, bonito ou feio, rico ou pobre, são iguais agora). Nem sempre a verdade é triste, mas em *Barry Lyndon* ela transcende, alcançando o repulsivo e a futilidade pela futilidade, apesar da beleza das paisagens e dos objetos que enfeitam a vida das personagens.

Charles Dickens mostra-se um repórter implacável: "Foi a estação da luz, foi a estação das trevas, foi a primavera da esperança, foi o inverno do desespero."

Afinal quem era Redmond Barry? O cidadão cordato e popular que se enamora da camponesa Lischen? O elegante senhor que rouba no jogo de cartas? O fiel servidor do seu mestre e compatriota, o *chevalier* de Balibari (Patrick Magee)? Ou o mentiroso predador, o aproveitador sem escrúpulos, o padrasto podremente violento, o espião traidor, o tirano ególatra que *lady* Lyndon levou para casa? O desertor, o idiota contador de vantagens, o otário golpista que não sabia nem comprar nem vender, o ladrão de identidade, o marido canalha? Sem falar que muito lhe marcou o desprezo do primeiro amor, a priminha Nora Brady que o trocou pelo capitão Quin, interpretado por Leonard Rossiter, um severo crítico dos modos irlandeses. *Barry Lyndon* está cheio de personagens que viveram frustrações amorosas.

Redmond Barry guarda semelhanças com Alex DeLarge, os dois moços lidam bem com a sua peçonha. Objetivamente falando, eles fazem bom uso de sua astúcia de escorpião. Barry não tem medo da morte e não trai a sua índole, mas acontece que ele cometeu um erro imperdoável. Deixou-se levar pela truculência, revelando-se um covarde leviano na brutalidade contra lorde Bullingdon. A câmera do diretor se abastecera de vigor nas surras que o padrasto impõe ao enteado. O clima de extrema maldade pulsa durante as duas sovas no Bullingdon, criança, interpretado por Dominic Savage, e no adolescente, interpretado por Leon Vitali. Sem falar na pusilâmine cena em que Redmond, num ataque de fúria, espanca o adolescente na frente dos convidados que não voltarão a pôr os pés na casa da condessa.

Terá sido essa pavorosa maldade que ocasionou sua decadência? Pouco importa, porque a verdade é que o próprio Redmond Barry contribuiu bastante para que o pior lhe acontecesse. Sua estupidez fez com que abandonasse seu instinto de trapaceiro. Bem feito, perdeu a perna. Só os maus jogadores se arriscam a esperar que o adversário jogue limpo, pois é lógico que lorde Bullingdon, no duelo final, ia atirar para matar.

A crítica argumenta que *Barry Lyndon* renovou o realismo no cinema. Um desses críticos apelou para o termo "realismo pictórico", porque, segundo ele, o filme se guiava por um visual composto por luz de velas, luz natural e luz artificial debaixo da qual os atores agiam e falavam como se fossem personagens de uma pintura.

Redmond Barry encarna a derrota do instinto frente à racionalidade engomada. Da nossa parte, nada a lamentar, pois o perdedor abusou da liberdade de ser incauto. Como Redmond se sentia por conta de todos os seus fracassos? Ele evitava tocar no assunto. Preferiu continuar enganando a si próprio. Concordamos: Redmond possuía qualidades insuperáveis como pai e amigo. No entanto, o consideramos um petulante bobo da corte. A nós ele passa a impressão de que deu muita importância ao ódio que sentia pelos ingleses sem falar que perdeu tempo comprando brigas gratuitas, uma imensa contradição, dada sua vontade de entrar para a quadrilha. Aqui segue em imagem o que pensamos dele: trata-se de um robô vaidoso que acha que a pior desgraça do mundo é ter de emplastrar seus cabelos loiros com farinha e cera de vela em vez de com pomadas vendidas nas boas casas do ramo.

Filmar a morte de um filho único de pais vivos é desafio para gigantes. Arte ardilosa, o cinema logo revela o nível da qualidade. Não há meio termo: fiasco ou sucesso. A cena da morte do pequeno Bryan Barry estabeleceu um marco regulatório. Louvemos as fanfarras retumbantes para a sequência mais copiosa da obra do diretor. Momento empolgante, porque se compõe de lugares-comuns, tais como os últimos desejos da criança moribunda, seu clamor para que os pais não briguem nunca mais, sua vontade de ouvir pela última vez o pai lhe narrando a gloriosa história como de costume: "nós nos aproximamos do forte, eu pulei o muro e meus companheiros me seguiram, deixamos 23 inimigos..." Kubrick devia saber que caminhava no fio da navalha, qualquer deslize e teria um resultado pífio. O monstro acertou em cheio quando instruiu Ryan O'Neal para que ele agisse como um robô, estilizado e lento. Malcolm McDowell tinha razão quando afirmava que Kubrick era, antes de tudo, um ator.

Falemos de beijos. O filme festeja os beijos porque o prazer de colar os lábios move a humanidade. Será que o século XVIII mexeu com os brios idílicos do deus Kubrick? Pensamos que sim. *Barry Lyndon* se esmerou na entrega total, afeto inédito em suas obras anteriores. As imagens inflacionam os amores furtivos e lances temperados pelo vigor do instinto. O diretor já começa o repertório com o carinho da paixão do primeiro e inesquecível amor. Os címbalos do templo de Jeová tocaram para Redmond e Nora quando, no salão de inverno, brincam de achar a fitinha cereja que a priminha escondera em um lugar secreto do corpo. E como estamos em um filme de Stanley Kubrick, o beijo na sequência é um contraponto. Nora beija outro homem, o beijo-traição, e logo um cidadão inglês... logo o almofadinha do capitão Quin, que detestava os "modos irlandeses". Para acalmar oególatra Redmond Barry, entra em cena o beijo da mamãe. A progenitora beija o filhinho que parte para o mundo. Mundo hostil, cheio de tormentos como a guerra e lá, no meio dos canhões, consuma-se o beijo dramático: Redmond sela a boca do amigo Grogan que agoniza ferido de morte. Essa dor só poderia ser recompensada com a aventura na casa da linda camponesa Lischen (Diana Koerner), o bebê de um ano de idade, o beijo na mão e depois as bocas que se mordem à luz de velas. Porém o clima romântico se acende mesmo quando acontece o mais deslumbrante beijo do cinema, o beijo da cena muda, homenagem aos mestres Max Ophüls e Fritz Lang. Até parece uma cena de guerra. Ele ataca a condessa no panteão enluarado, enlaçam-se ao som de Schubert. A paixão veio num impulso de verdade ou era mero fogo de palha? Uma mulher melancólica atirar-se com esse arrebatamento? Cometer tal desgovernamento, logo ela, uma condessa tão recatada? Mas o amor saiu do armário em forma de fluxo mais envolvente do que o temor. Preste atenção como o escritor Thackeray retrata a mesma cena:

> Farei tudo o que solicitar de mim, exceto quando me roga que não a ame. Isto está acima de minhas forças e enquanto o meu coração pulsar, hei de segui-la. É a minha sina, a sua sina. Pare de lutar contra ela, e seja minha. A mais bela do sexo! Somente com a vida pode a minha paixão findar por você, e, de fato, somente morrendo a uma ordem sua é que poderei ser levado a obedecer-lhe. Deseja que eu morra? Ela respondeu rindo, pois era uma mulher de disposição, viva, chistosa, que não desejava que eu me matasse e senti então que desse momento em diante ela era minha.[6]

Na obra de Kubrick, beijo é arma de combate. Portanto, Redmond está à vontade. O beijo-fumaça é mórbido, a esposa reclama da fumaça do cachimbo do marido, o qual, com a delicadeza que não lhe era peculiar, sopra a fumaça no rosto da dama para em seguida lhe aplicar um selinho ridículo que a condessa, apaixonada, não rejeita. Ora, ora, até parece que depois disso fora dada a largada para os beijos canalhas: Redmond transmite felicidade durante o sexo grupal quando aparece abraçado a duas mulheres de bustos desnudos. Logo na sequência, o chupim aproveitador vive momento de paixão com uma das servas do casal em cena aberta: o grotesco infiel atiçava a língua ferina do povo. Caindo em si, sincero ou não, Redmond tenta o beijo de reconciliação, um afago para pedir perdão à *lady* Lyndon, que se lavava numa banheira de quarto. Destaca-se aí o quanto Marisa Berenson contribui com sua beleza e silêncio eloquentes.

O carinho acontece, é um beijo insosso. Daí em diante os beijos perdem a mística da conquista, tornam-se meros beijos filiais, como na hora em que Redmond conta uma história para o filho e quando o menino fica sabendo que ganhará o puro-sangue de presente de aniversário, mas a tragédia se punha a caminho. O último beijo do filme é dor pura, o pai beija o filho na padiola, logo após a criança ter caído

---

6   *Barry Lyndon*, p. 230.

do cavalo. O filme continua, mas sem beijos. Foi como se a vela tivesse se apagado e é isso o que de fato ocorre. *Barry Lyndon* agora tem uma película, como se uma névoa cinza embaçasse suas derradeiras imagens.

Quanto ao beijo da conquista, gostaríamos de fazer um comentário. Essa é a cena preferida pelos apreciadores de *Barry Lyndon*. Porém, a cena do pombal divide opiniões. Toda a sequência do duelo entre Redmond e lorde Bullingdon, de seis minutos de duração, requereu seis semanas de trabalho de edição. Kubrick foi ajustando a montagem numa operação interminável. Lá para tantas, cismou de ouvir todas as gravações disponíveis de "Sarabande", de Handel. Mixou e remixou quantas vezes foi necessário. Só descansou quando chegou ao resultado que imprimiu na tela.

Nas mais de três horas de *Barry Lyndon*, a criança é o veículo para um poema desesperado que, em resumo, significa que quando a harmonia entre mulheres e homens se ausenta do horizonte, o sal da vida fenece. Na filmografia do "pessimista" Stanley, todas as crianças são dignas. O criador da Criança das Estrelas amava os pequenos seres e devia dirigi-los por sinais, pelo olhar e por palavras doces e calmas.

No mundo dos adultos, Kubrick se caracteriza por lidar com dois tipos de personagens: os malditos favoritos e os falsos bondosos favoritos. O diretor deu a sorte de descobrir Philip Stone no palco de um modesto teatro londrino. Kubrick se imbuiu daquelas suas raras certezas e de bate-pronto convidou o ator para fazer justamente o pai de Alex em *Laranja Mecânica*. Afinal, o que Philip Stone tinha para ser brindado com toda essa consideração? Ele era talhado para compor o homem bom que se revela um mau-caráter abominável, o sujeito certo para tornar o mundo seguro para a hipocrisia. Um primor de boas maneiras, no entanto, destila o mais amargo fel da maldade humana. Perdão pelo lugar-comum, mas ele era a luva perfeita para essa caracterização. O ator inglês trabalhou três vezes com Kubrick sempre no mesmo papel. Estreou como pai de Alex DeLarge, progenitor que raia ao extremo da baixeza moral quando se recusa a receber o filho de volta, alegando compromissos com Joe (Clive Francis), o inquilino que alugara o dito quarto pagando adiantado. Em seguida, em *Barry Lindon* foi o contador Graham, e aperfeiçoou sua peçonha: mestre em escolher as palavras, *muy* amigo das vítimas, ele faz jus à confiança de seu patronato. Educadíssimo, o predador mata a presa aos pouquinhos. Ele carrega no rosto uma máscara que lhe dá a aparência de uma pessoa sem rosto, o disfarce ideal para seu repulsivo caráter. Em *O Iluminado*, ele é o homem que está de *smoking* no banheiro vermelho contracenando com Jack Nicholson, na pele de Delbert Grady, o zelador atencioso que mata a golpes de machado a mulher e as duas filhinhas. Kubrick não escondia sua admiração por Stone que, junto com Joe Turkel, foram os únicos atores que trabalharam três vezes com o diretor.

Barry Lyndon é uma declaração de amor aos atores. O "professor" juntara o pessoal que a mídia chamava de "os alunos de Kubrick": Patrick Magee, Leonard Rossiter, Godfrey Quigley, Stephen Berkoff, Leon Vitali, Anthony Sharp, além do próprio Philip Stone. Todos estavam a postos em pleno século XVIII. Só faltou Margaret Tyzack, a única atriz que Kubrick bisou. Por sua vez, Vivian, filha de Kubrick, fez um pequeno papel em *2001: Uma Odisseia no Espaço* e mais tarde foi figurante e diretora do *making of* de *O Iluminado*. Vivian, usando o pseudônimo de Abigail Mead, criou a trilha musical de *Nascido Para Matar*. O diretor lembrou-se de Peter Sellers, Kirk Douglas e Sterling Hayden, que apareceram mais de uma vez na sua bagagem de treze filmes. O diretor manifestou sua amizade por Joe Turkel, companheiro de velhas batalhas, desde *O Grande Golpe* no qual apareceu numa ponta como colega do amante da esposa de um dos assaltantes. Já em 1955, Kubrick adotara o procedimento que iria repetir ao longo de sua carreira. Ele gostava de levar para o filme seguinte o ator, o roteirista, o diretor musical, o técnico e o produtor executivo com quem trabalhara anteriormente. A reutilização do jamaicano Frank Silvera, o sargento Mac de *Medo e Desejo*, para ser Vicent Rapallo, o dono do cabaré, em *A Morte Passou Por Perto*, inaugurou a prática. No caso de Joe Turkel, Kubrick deixou passar um filme e, então, em *Glória Feita de Sangue* ofereceu-lhe o papel do soldado Arnaud, um dos condenados a morrer por fuzilamento. E aí, depois de 23 anos bem rodados, atrás do balcão, nos deparamos com Turkel na pele do *barman* Lloyd, elegante e sinistro como uma assombração, sempre com uma bebedinha pronta para Jack Torrance aveludar a garganta. Nesse clima de reunir antigos parceiros, faltou pouco para Kubrick recrutar Timothy Carey, era só o rebelde ator deixar em casa seu revólver de balas de festim.

Chegamos ao final. Essa é a história de um irlandês duro na queda que se estrepou em contato com a camisa de força do preconceito social posto em prática pela nobreza que, em declínio, se via em palpos-de-aranha. Daí a visão sem piedade expressa pela pena de Charles Dickens. Stanley Kubrick lograra captar essa hecatombe pelo olho da câmera. Nunca o cinema havia chegado perto de um visual tão belo como aquele. Já havíamos visto um macaco abraçando o Empire State Building, a lua virando queijo, os bichos agindo como pessoas, os raios sendo domesticados. Faltava, no entanto, surgir alguém para pôr tudo de cabeça para baixo, ao utilizar a tecnologia, não mais para desbravar o futuro, mas para voltar para trás pintando a luz do passado como era vista pelas pessoas que viveram na época[7]. Como o diretor conseguiu destravar esse desafio é conversa já bastante conhecida. A câmera Mitchell BNC, o trabalho miraculoso do técnico da Nasa, Ed Di Giulio, a lente Carl Zeiss Planar 50mm f/0.7, a miraculosa *steadicam* e os detalhes preciosos, como o de sempre filmar as cenas de baixa iluminação com velas produzidas com cera de abelhas, pois as velas fabricadas com óleo de baleia eram gordurosas e empastavam a imagem.

Hoje todos concordam que *Barry Lyndon* ultrapassou a fronteira de obra maior. A qualidade, que costuma ser esquiva, foi domada em grande estilo pelo gigante. O crítico francês Michel Chion observou que em *Barry Lyndon* nada é visto do alto[8]. Completando seu trabalho, o diretor não descuidou do capítulo projeção.

O jogador de xadrez gostava de contar uma conversa que teve com Spielberg, o Schmuel, como era chamado pelos mais próximos. Este costumava dizer que o mais difícil, quando se dirige um filme, é sair do carro. "Estou convencido de que todos vocês sabem de qual sensação eu estou falando", comentava Kubrick após recordar essa fala do criador

---

7 Selecionamos para o leitor algumas locações de *Barry Lyndon*: o castelo Cahir, perto de Waterford onde Redmond torna-se soldado do exército de Frederico, o Grande. As torres de pedra de Kells que serviram de cenário para filmar as bandeiras vermelhas inglesas tremulando. Carnick-on-Suir, onde Redmond se alista nas milícias inglesas. O Castelo de Dublin. O Potsdam, no leste da Alemanha. E no norte da Inglaterra, o Howard Castle e a Wilton House, perto de Salesbury. As bodas do casamento de Redmond com a condessa Lyndon foram locadas na capela de Longleat em Bath. Há também cenas de batalhas em Bath, em Somerset/Corsham Court, Willtshire, e na abadia de Glostonbury.

8 Cf. *Stanley Kubrick l'humain, ni plus ni moins*, Paris:Cahiers du Cinéma, 2005, p. 352.

de E.T. *O Extraterrestre* (1982). Pois bem, Kubrick dirigiu *Barry Lyndon*, como se estivesse passeando numa carruagem pelas alamedas do século XVIII. Talvez seja a obra que mais expressa amor pela imagem, tal a forma como foi filmada nos 250 dias de trabalho. Inevitavelmente a imobilidade meditativa das imagens nos leva a refletir sobre a natureza da existência humana. Quem foi ruim? Quem foi bom? Quem venceu, quem perdeu? Quem percebeu que a história fermentava o nascimento do Estado moderno a ocupar o lugar do provincianismo e do esgotamento do absolutismo? As verdades se fecham em direção a uma conclusão crua e melancólica. Tantas brigas, tantas disputas, tantos conflitos e o que resulta de tudo isso? Duas respostas foram dadas. A primeira está nos letreiros do final do filme: "They are equal now" (Eles são iguais agora). A segunda está no original de Charles Dickens: "Tínhamos tudo diante de nós, tínhamos nada diante de nós."[9]

9   A exemplo do que fizemos no comentário sobre o filme *Lolita*, aqui vai uma das nossas enviesadas parábolas. O título é *A Dedução Possível*: O décimo longa de Kubrick é como o fundo do oceano. Filme de profundidades, por isso cinéfilos, artistas e intelectuais franceses, habituados às complexidades de Alain Resnais, Marcel Proust, Paul Celan, Gustave Flaubert e Samuel Beckett considerariam o "lento" *Barry Lyndon* a melhor obra do diretor.

JACK
NICHOLSON
SÃO
DISSE
NADA
PARA A
MÃE
DE
KUBRICK

12

JACK NICHOLSON NÃO DISSE NADA PARA A MÃE DE KUBRICK

Kubrick sentiu o tranco do fracasso de *Barry Lyndon*. Entrou em período de muda, junto da família e da sua penca de gatos e cachorros. A razão do baque não foi somente a recepção fria da crítica, coisa habitual em sua carreira, mas o fato de ser extremamente raro ouvir uma voz discordante entre os detratores. Pesou também o sumiço dos espectadores, a bilheteria virara a cara para o gigante. E ele que pagava para não sair de casa, aboletou-se, crente de que devia alongar suas caminhadas de madrugada pelo sítio onde morava.

Porém seu amigo John Calley (1930-2011), parceiro de tantas batalhas, lhe propôs um filme de terror baseado numa novela inédita de Stephen King, o quinto escritor mais vendido na face da Terra. O título era, na ocasião, *The Shine* (O Brilho). Calley e Kubrick foram amigos próximos: o *The New York Times*, no obituário do *vice chairman* da Warner Bros., dizia ser ele o confidente de Stanley Kubrick. O escritor Michael Herr, amigo de longa data de Kubrick, afirma a mesma coisa.

Filme de terror? Dessa fruta eu comerei. Portanto, mãos à obra. A filmagem começou em maio de 1978. Programada para dezessete semanas só acabou após longos catorze meses, o segundo recorde do cineasta, o primeiro foi *De Olhos Bem Fechados*. Na pré-produção de *The Shining* (O Iluminado), equipes se deslocaram por Califórnia, Oregon, Colorado, New Hampshire e Montana, garimpando locações. Cerca de cinco mil crianças foram testadas para escolher quem seria o pequeno

Danny Torrance. Segundo o biógrafo John Baxter, o diretor rodou mais de quatrocentos mil metros de película. Isso corresponde a 102 metros para cada minuto filmado. A média se situa de cinco a quinze por minuto. O monstro enlouquecera. Logo cedo pela manhã, no estúdio em Elstree, perto de Londres, estava a medir a luz, em intensa concentração. O ator Jack Nicholson pediu para ser dispensado dos ensaios, era normal nessas horas se usar um sósia para não cansar o elenco. Mas Kubrick foi inflexível: "Jack, você não tem ideia do tamanho da sombra de seu nariz".[1] Igual a Fellini, o diretor compartilhava da opinião de que a luz é o sal alucinatório que, queimando, destaca visões.

Imagens apaixonadamente trabalhadas, pois o deus ia filmar fantasmas... Ritmo turbulento, cheio de surpresas e de assombrações. Enquadramentos e movimentos de câmera espetaculares, uma soberba aula de como se trabalha a profundidade de campo. Montagem temperada por efeitos musicais, em que a palavra vai se encaixando como componente harmônico. Palavras gritadas com pavor, mas produzidas como se fossem fragmentos de *jingles* publicitários. Ou então sussurradas e repetidas, como o vento que sai das bocas do sobrenatural. "Redrum", diz o menino Danny Torrance. "Shining" expressa o cozinheiro do hotel. Pedaladas no velocípede como se fossem tambores em cerimônia de magia negra, Kubrick comandou essas cenas numa cadeira de rodas, acompanhando Garret Brown que operava sua invenção, a *steadicam*. Planos do alto das montanhas que ameaçam nos tragar e nos jogar de cima para baixo, despencando no abismo enquanto vindo sabe-se lá de onde, ecoava o som de gritos desesperados. Cabe lembrar que Murnau começara *Fausto* com um belo *travelling* aéreo, mudo. Alucinantes visões de corredores simétricos; conversas íntimas com fantasmas de péssima memória; lobo mau que derruba portas a machadadas; e de repente, eis que surge o clichê dos clichês dos filmes de terror: a múmia que podre e desdentada, põe-se a gargalhar antes de beijar o galã na boca. Depois

---

[1] Bem que Polanski podia ter resolvido esse problema para Kubrick porque, em *Chinatown* (1974), ele quase arrancou fora o nariz de Jack Nicholson a golpe de canivete. Foi só um pedaço, mas ficou o aviso de que na próxima vez "eu corto tudo e dou para o meu peixinho dourado". Essa é a grande cena de violência do cinema estadunidense do século passado. Buscando uma segunda leitura para ela, por certo, ali está o momento em que Polanski se vinga dos americanos que mataram sua mulher e o filho do casal, ainda na barriga da mãe. Vingança a golpe de canivete.

do clichê, Kubrick cortou para a cena da cachoeira de sangue escorrendo das paredes e formando uma correnteza que arrasta cadeiras e móveis. O sangue é tanto que empapa a tela.

A amizade com John Calley, iniciada no começo dos anos 1970, gerou três preciosidades: *Laranja Mecânica*, *O Iluminado* e *Barry Lyndon*, cujo fiasco atingiu mais o diretor do que o produtor. Não se tratava de acreditar ser um artista incompreendido ou de ter dúvidas sobre a qualidade de sua arte, pois Kubrick estava ciente de que emplacara outra obra-prima. Objetivamente falando, era o bolso que lhe doía. Michael Herr, em depoimento sincero, testemunha que Kubrick era um amigo leal e que era uma coisa fantástica trabalhar com ele: "mas para fazer negócios, era um tipo terrível. A obsessão patológica de Stanley com dinheiro é o fenômeno de conduta mais assombroso que vi numa pessoa"[2].

Quando não estava filmando, o diretor trabalhava em casa e o telefone tornara-se seu instrumento de toda hora. Calley encarnava aquele tipo iluminado que sabia exatamente onde se encontrava o veio do ouro, portanto, devemos levar a sério suas apostas. Horas a perder de vista, madrugadas afora, Kubrick certamente não deu descanso ao amigo que além de dirigir um estúdio, gostava de iates, do azul do mar e de sua mulher. Leitor insone, Kubrick nunca havia se interessado pela literatura cabeça de bagre de Stephen King[3]. Para transformar o romance do rei em filme, Kubrick contratou Diane Johnson, professora de Literatura Gótica na Universidade da Califórnia em Berkeley, ficcionista, autora de *The Shadow Knows* (A Sombra Conhece, 1974) que logo tratou de deixar São Francisco para alugar um pequeno apartamento em Londres. Foram onze semanas de trabalho num ritmo monstruoso. E Kubrick ainda arrumava tempo para dar uma canseira nos fotógrafos John Alcott e Garret Brown. O sangue se espalhando das portas do elevador pelo *hall* do corredor do hotel consumiu um

---

2   *Kubrick*, Barcelona: Anagrama, 2006, p. 30-31. Herr, que iria trabalhar com Kubrick em *Nascido Para Matar*, foi correspondente de guerra da revista *Esquire*. Escreveu a novela *Dispatches* (1977) e foi o redator dos comentários lidos em *off* em *Apocalypse Now* de Coppola.

3   Revelação feita em entrevista ao jornalista Vicente Molina Foix, reproduzida em A. Castle (ed.), *The Stanley Kubrick Archives*, p. 460-461.

ano de planejamento. O trabalho chegou a um nível de meticulosidade que o deus fez a tomada menos do que cinco vezes e pasmem, deu-se por satisfeito, saindo para cuidar de outros assuntos. Diane Johnson, em entrevista a Michel Ciment, revelou que Kubrick mais parecia um escritor[4] e ela estava com razão. Basta atentar para o *making of* do filme. Em certo momento, Kubrick datilografa uma ficha na Olivetti Lettera 27, era como se a pequena máquina amarela fosse extensão das mãos e dedos do diretor. Contudo, o melhor momento do *making of* é a deferência do filho pela mãe: Kubrick está muito à vontade ao lado de dona Gert e, veja que prestígio, ele permitira ao ator Jack Nicholson privar da companhia da "mami". É digno de nota enfatizar que Nicholson se portou muito bem: guardou para si o segredo de que o "filhote" fazia pouco caso dos limites das pessoas.

Quando Kubrick peregrinou pelo pântano do terror, o resultado foi uma enxurrada de textos e vídeos sobre os significados dos dois objetos centrais do filme, a família e o país. Ambos em avançado estado de penúria e desfiguração. Apelando para uma licença de texto, podemos afirmar que o Hotel Overlook se sai muito bem como a personagem antagonista, representando o papel dos Estados Unidos da América do Norte. Um país que não pode recordar seu passado sem sentir horror. Um país que tinha a seu dispor a servidão humana do resto do mundo e que construiu sua história associando-se a um legado de destruição, de desespero e sofrimento. *O Iluminado* nos mete medo, porque trata das sombras morais que nos governam. Elas sempre nos acompanham, apesar da gente nem desconfiar disso.

---

4   Cf. *Conversas Com Kubrick*, p. 296. Em outra ocasião, Diane Johnson contou que Kubrick preferia se servir de bibliotecas públicas. Sem querer, a roteirista dera munição para a maledicência dizendo que "Kubrick é tão mão de vaca que nem livro o pão-duro compra". Mas a verdadeira razão era de ordem prática, pois todos os livros que o diretor queria (e eram muitos), se encontravam nas bibliotecas. Não esqueçam que o menino do Bronx tinha uma leitora em casa. A mamãe Gert lhe apresentou a essa maravilha da humanidade que é a Biblioteca Municipal de Nova York. Lembre-se também que Kubrick morava em Londres numa época em que as bibliotecas públicas britânicas eram um paradigma de organização e acervo, o que não acontece hoje por causa da recessão econômica e a triste notícia é que muitas bibliotecas estão fechando as portas em todo Reino Unido. Voltando a Kubrick, precisamos levar em conta que o diretor prezava encontrar nos livros das bibliotecas públicas as anotações dos leitores que o antecederam.

O plano americano de Jack Torrance, quando ele já está há mais de uma quinzena no hotel de malha preta com gola rolê, barba por fazer, olhar estilhaçado é o enquadramento no qual Kubrick mostra para o espectador que o herói não consegue mais segurar o processo de sua demência. Louco, o *pater familias* se volta para o mundo paralelo onde o seu deserto vale alguma coisa. O pobre diabo padece porque não encontrou uma razão para explicar sua psicose. Torrance, veja que culpa, molha a sua boca na bebida alcóolica e a partir daí tudo desanda. Ele mergulha no embalo da perdição em que já não tem o menor controle sobre si mesmo e sobre o seu entorno. Kubrick girou a câmera disposto a pôr mais lenha na fogueira. O diretor inventou aquela coisa da bebida sobrenatural: Torrance volta a tomar todas, mas quase que não aparece o tilintar do gelo a se desmanchar em contato com o legítimo uísque *bourbon*. Real ou imaginária, a sua embriaguez produz citações, quando fala "hair of the dog that bit me" (pelo do cachorro que me mordeu) e a certeza, quando assegura com toda convicção que não vira nenhuma mulher maluca no apartamento 237. Ora, pois o tal beijo na loira da banheira foi uma brincadeirinha, não ia fazer a menor diferença se a sua esposa, ou como ele dizia, se seu "banco de esperma", soubesse o que rolara atrás da porta do apartamento-terror. E vai nessa batida: em vez de bater a máquina, o escritor doidivanas prefere bater uma bolinha, lançá-la contra as paredes, atirá-la contra os painéis de motivos indígenas. Por meio da demência progressiva de seu protagonista, Kubrick nos aprontou uma das mais melancólicas e desesperadas cenas dos últimos tempos. Referimo-nos a quando Jack Torrance está com o filho no colo, ao som dos acordes dramáticos de Béla Bartók, na cama que divide com a esposa e mãe de seu filho. Quão misteriosa e desconhecida é essa caixola que carregamos em cima do nosso pescoço, que erupção vulcânica é a impotência de Jack Torrance em reverter sua paranoia! Que grande imagem fez Kubrick da violência e da intolerância que mancham o perfil do homem contemporâneo.

O fenômeno conhecido como *fever cabin* que atacava as pessoas isoladas do mundo ia lhe comendo as últimas demonstrações de normalidade. O sanguinário assassino escrevera um grosso volume de folhas contendo em cada página, datilografada uma a uma, a sentença "All work and no play makes Jack a dull boy" (Só trabalho e nenhum lazer fazem de Jack um garoto aborrecido). Sem falar que, ato contínuo, o escritor Jack Torrance tenta partir a cabeça do filho com um "delicado" golpe de machado depois de tê-lo enterrado no coração do cozinheiro (Scatman Crothers).

O crítico brasileiro Luis Carlos Merten escrevendo sobre *O Iluminado* defende a ideia de que o filme aborda a dissolução da palavra como elo que une os homens. Deveria ter alongado esse achado. Em nenhum outro dos seus trabalhos, a palavra alcançou uma dimensão tão grandiosa e tão soberbamente explorada quanto em *O Iluminado*. As imagens-sonoras que saem da boca de Torrance são palavras cifradas que se comportam como estribrilho. Jack Nicholson se esmera no papel do Lobo Mau que fala infantilizado, "little pigs... little pigs!". Na imitação do presidente Richard Nixon, "not by the hair of your chinny-chin-chin". No jargão que se popularizou em todo o país por causa do programa de Johnny Carson: "Here's Johnny!" E está infernal, sibilando verbalmente a tortura contra mulher, quando, preso na câmara frigorífica, diz para Wendy que ela terá uma agradável surpresa quando for pegar o "trator que anda na neve" estacionado na garagem.

Com toda a objetividade, Kubrick costurou um saco de gatos e foi tirando peças mágicas da cartola para narrar com o fino da criatividade o drama do esteio da nação líder do mundo ocidental ruindo em lento colapso. O desmanche da família de classe média, o cidadão manipulado, o habitante drogado por álcool e ansiolíticos, subempregado, terceirizado por uma temporada de seis meses, ex-professor, ex-zelador, ex-tudo e, radicalizando, ex-pai e ex-marido. Admirável a cena dele, de corpo inteiro, no banheiro, conversando com o zelador do Hotel Overlook. Ali está a polpa do seu ser. Jack Torrance já não é mais capaz de tomar iniciativa, a voz do outro decide por ele e ironicamente isso está longe de se equiparar a um iluminado, pelo contrário, isso é o fim. Fim glacial: Jack Torrance logo mais será um bloco de gelo.

O Iluminado apresenta-se em duas embalagens. Uma de 119 e a outra de 146 minutos. A primeira destinava-se aos DVDs e a segunda foi a cópia do filme que entrou em cartaz nos Estados Unidos, restaurada em DCP (Digital Cinema Package). Quase trinta minutos de diferença não são pouca coisa. Quando Stanley cismava de cortar, a tesoura cantava. Em *Dr. Fantástico* podou dez minutos, expulsou Peter

Sellers, o presidente dos Estados Unidos e o embaixador soviético da Sala de Guerra, mergulhados numa montanha de tortas, cantando "He's a Jolly Good Felow". O "embaixador", Peter Bull, narra isso de maneira bem-humorada em *I Say Look Here*[5]. O bisturi tirou fora vinte minutos de *2001: Uma Odisseia no Espaço*: cenas na Lua, na estação espacial e a bordo da Discovery. A primeira cópia tinha 161 minutos e o diretor fez uma segunda de 142, em DVD. Na versão menor de *O Iluminado*, entre outras cenas, não há a visita de Ullman à família no hospital nem a sequência no consultório quando Wendy conta para a médica, interpretada por Anne Jackson, que o marido, num dia que bebera além da conta, quebrara a clavícula de Danny. A tesoura extirpou o diálogo de Hallorann com o garagista Larry interpretado por Tony Burton, que lhe consegue o "trator que anda na neve", o *snowcat*. Na sequência com o garagista, o cozinheiro Hallorann esconde a verdade inventando que cumpria ordens do gerente e que a família que ficara lá em cima era uma ameaça para o Hotel. Foi eliminada a tomada em que Hallorann pergunta as horas para a aeromoça. As caveiras e as teias de aranha mais para perto do fim do filme também sumiram. Kubrick não queria nada que lembrasse o terror tradicional como teias de aranhas e caveiras.

Na versão maior, Jack Torrance parece mais livre para fazer o mal, tendo-se em conta que, a partir de determinado momento ele não precisa mais disfarçar a sua psicose. A maldade de Torrance se dilui, porque Wendy, Danny, Hallorann e o Hotel ganharam corpo como personagens. Possivelmente, Kubrick já havia pensando em terminar a obra com o menino, a mãe e o cozinheiro em festiva confraternização, como no livro. Havia um gancho interessante na sequência da confraternização, aquele fim continha um encadeamento, uma sugestão para o espectador pensar no amanhã de Danny. O pequeno Torrance voltaria para o Hotel a fim de ocupar o posto que um dia fora do pai?

Em *The Stanley Kubrick Archives* há fotos de Shelley Duvall no hospital, usando uma roupa branca. Sem dúvida, há um mistério guardado sob sete chaves: por que Kubrick resolvera mudar o final do filme, em

---

5   London: Peter Davies Book, 1965.

condições tão particulares, já que a obra acabara de começar a ser exibida no circuito comercial estadunidense? A atriz Shelley Duvall revelou a Michel Ciment que prefere a confraternização entre ela, Danny e o cozinheiro como o fim do filme, por julgar que essa cena se encaixa com mais naturalidade na história. Estamos quase concordando com ela, mas gostaríamos de ouvir o diretor. Prometemos prosseguir na pesquisa e quem sabe tentarmos um contato parapsicológico com Kubrick a partir de Childwickbury, St. Albans (Herts) onde ele repousa debaixo de sua árvore preferida… Porém, pelo que entendemos até agora da personalidade desse cidadão de nome Kubrick, desconfiamos que o dito cujo, junto com o farejador John Calley, vislumbrou que usar a foto de Jack Nicholson, além de surpresa e impacto, resultaria em uma festa mais palatável ao gosto da maioria. "Vá lá, Stanley pegue a cena do retrato que você filmou e montou e termine o filme com ela", somos capazes de imaginar que Calley lhe telegrafara… Nas primeiras semanas de exibição nos Estados Unidos, *O Iluminado* faturou 47 milhões de dólares, a maior bilheteria dos filmes do diretor. Kubrick deve ter se benzido pela sorte de ter um final "estepe". Só que ele não calculou o peso de sua diferença. Deu um trabalhão chegar naquele resultado. Primeiro, eles formaram um elenco de pessoas com o físico apropriado, todas foram penteadas à moda da época, mas conforme disse Kubrick a um crítico, o resultado foi pífio. Decidiram partir para a fotomontagem do retrato e, por computação, colocaram Jack Nicholson no meio das pessoas vestidas a rigor. Stanley editou a cena e guardou-a em algum lugar e aí, um belo dia, a águia Calley piou "escutem, eu tenho uma ideia…" Mais tarde Kubrick declarou que gostava da cena por considerá-la um arquétipo da época.

O beijo faz parte de uma história conflituosa na filmografia de Kubrick. O fato de explorar dualidades deu aos seus beijos um ar de neurose, tanto no arrebatamento quanto na indiferença. *O Iluminado* é um apagão em matéria de afeto. Jack e Wendy contracenam embaçados por uma névoa de distância e nem quando Wendy se apresenta toda graciosa acontece alguma coisa. Jack, cumprindo ordem do fantasma Grady (interpretado por Philip Stone), pega pesado quando se mete a lhe aplicar uns "corretivos". Nas entrelinhas (Kubrick era o rei das entrelinhas) fica claro o abismo da dificuldade em relação ao sentimento do amor. Estranhíssima a cena do sujeito fantasiado de lobo praticando sexo oral no homem elegante. E por que eles aparecem justo para Wendy?

Há personagem mais contraditória do que o Hotel? Durante seis meses, ele acolhe as pessoas, dando-lhes carinho, conforto, segurança, boa comida, boa bebida e, através de seus janelões, uma natureza que vale por um beijo visual. Mas ao chegar o inverno, gela tudo, a personagem Hotel Overlook surta e é um tal de pôr o machado na mão da Morte... Entre os seus amplos interiores, os eternos Gradies, os eternos Lloyds, os eternos Torrances contracenam com a cachoeira de sangue. Um fio desse líquido escorre do rosto de Grady, a alma penada de fina estirpe que sorri e nos ergue um brinde, nos convidando para o beijo terminal. "Great party, isn't it?" (Grande festa, não?) Os fantasmas são humanos, se mesclam em atitudes consequentes e inconsequentes.

Kubrick não erra o tiro. O diretor não fazia segredo que ficava contente quando sua pontaria atingia o alvo. Seu décimo primeiro longa-metragem segue a trilha na qual ele andava de olhos fechados. *O Iluminado* excede. Roteiro, elenco, edição, trilha sonora, produção, fotografia, cenografia, iluminação, acabamento, tudo em nível excepcional. O filme não precisa de retoques. As tomadas são plenas, impossível substituir uma por outra. Dessa vez, Kubrick deixou que, por alguns segundos, a gente visse o chicote que ele guarda na caixa de ferramentas. Ficou à mostra a vareta da batuta, o metrônomo que permitiu que num filme de terror ele tocasse em outros terrores, com certeza muito mais significativos do que a mandracaria do sobrenatural e suas respectivas deduções fantasmagóricas. O vendedor de balões não abre mão de pensar o homem e o seu destino. Porém, sempre levando em conta que estava tendo uma conversinha com pessoas ocupadas com o deleite provocado pelo clarão das telas.

Afinal de contas de que trata o filme?[6] O mundo inteiro sentiu-se mexido por ele. Irritada, Pauline Kael apelou para o escapismo afirmando que *O Iluminado* nega o clima tenebroso que se espera de uma obra de terror. Pelo menos, dessa vez há um vislumbre de sinceridade,

---

6 Há uma boa leitura sobre esse assunto no *site Kubrick's Maze: The Monster and the Critics*.

pois a sua assertiva abre espaço para pensarmos que Kael admitia que *O Iluminado* era um terror diferente. Enquanto isso, na *The New York Times Magazine*, a crítica Janet Musril declarara em letras cheias que *O Iluminado* é uma aula de cinema por sua renovação de linguagem e estética. Do México, nos chegou a premissa de que a ritualística de Jack Torrance é cromática. O crítico de arte italiano Omar Calebrese examina as constantes em Kubrick, buscando situar o cromatismo como linguagem proclamadora de sentimentos[7]. O verde, o azul, o vermelho, a paleta de cores cria um complexo sistema destinado a favorecer a manifestação de um sistema psicológico igualmente complexo. Cobrindo outro aspecto do filme, há a contribuição de Fredric Jameson, para quem Kubrick fez uma representação histórica dos Estados Unidos ao especular sobre o preço do sonho americano em sangue, repressão e opressão, a base da formação atual do país. Jameson defende a ideia de que

> o Jack Torrance de *O Iluminado* não está possuído pela maldade em si, mas simplesmente pela História, pelo passado americano que deixou vestígios sedimentados nos corredores e nas suítes desmembradas desse asfixiante edifício monumental, que projeta de modo peculiar sua pós-imagem formal e vazia no labirinto externo.[8]

Enquanto essas ideias pululavam na Europa e nas Américas, lá no oriente, precisamente na terra do sol nascente, os bonecos das personagens de Kubrick, comercializados pela Medicom Toy, invadiam as prateleiras das lojas e, num passe de mágica, sumiam nas mãos de milhares de consumidores frenéticos.

Repetimos a questão: afinal de contas, de que trata o filme? Pensamos que o desvio se chama Jack Torrance. Foi essa anomalia que despertou interesse em Kubrick. Indiretamente está dito que para existir os rios de sangue, isto é, a matança dos bodes expiatórios da humanidade, é preciso haver pessoas que se comprometam com o Mal. *O Iluminado* quebrou os paradigmas do filme de terror ao romper com

---

[7] El Resplandor de Stanley Kubrick: Un Sistema de Colores y Pasiones, *Tópicos del Seminario*, Benemérita Universidad Autónoma, Puebla, n. 28, jul-dez, 2012.

[8] Historicismo em *O Iluminado*, *As Marcas do Visível*, p. 93.

tudo que já havia sido feito. Seu terror volta-se para o filosófico pela maneira como expõe o passado e o presente. O recado do filme é da cor da neve: nada justifica o banho de sangue, nem sequer a loucura humana. Pensamos que Kubrick, ao falar em arquétipos do inconsciente, está se referindo muito mais do que apenas ao genocídio dos índios americanos ou a Hitler, Stálin, Mao, Bush e demais vultos predadores que são iguais perante a óptica do gigante. Os fins não justificam os meios é o seu veredicto. Godard e outros tantos cineastas não concordam com ele. A sujeira do mundo carece de uma monumental limpeza, carece de uma lavagem radical que elimine com um só tiro os inimigos do povo. Na verdade, essa é a discussão que divide a humanidade até hoje. Kubrick nunca quis entrar no mérito da questão. Talvez ele tenha deixado essa lacuna. Desconfiava de certos conceitos dialéticos e explicações totalizantes. Certa vez, disse para Ciment: "a ideia de que a causa da crise de nossa sociedade está nas estruturas sociais mais do que no próprio homem é perigosa"[9]. Porém o jogador de xadrez fez muito. O seu legado é grandioso. Ele acredita na arte e isso o torna um revolucionário. Alguém já disse que Kubrick é um criador em busca do vínculo entre a beleza e a verdade. No que depende de nós, saudamos o fato de a beleza ganhar na maioria de seus filmes. Ele sempre desejou que seus filmes fossem como música, daí porque, quando os assistimos, é como se estivéssemos diante de partituras decompostas em alumbramentos. Michael Herr, em sábias palavras, afirmou que "cada vez que tinha que escolher entre Beleza e Conteúdo, certamente Kubrick optaria pela primeira, porque ele não as encarava como coisas separadas".

160 vezes para uma cena com Scatman Crothers. Cinquenta vezes para Shelley Duvall acertar a tacada na cabeça de Jack Nicholson que devia rolar escada abaixo. O alpinista Kubrick subira o monte Everest para conversar mais de perto com os deuses. O monstro se põe a escalar os limites a cada filme. O produto final apresentado pelo diretor nas duas versões de *O Iluminado* navega além do precioso. O fantasma Jack Torrance imortalizou Jack Nicholson, solto como um estranho no ninho, alucinado como James Cagney em *Angels With*

---

9 Terceira Entrevista – 1980, op. cit., p. 158.

Dirty Faces (Anjos de Cara Suja, 1938) e livre como quem atravessa os Estados Unidos na garupa da moto do Capitão América, interpretado por Peter Fonda. Quanto ao pequeno Danny Lloyd, há um maravilhoso mistério nesse grande ator-mirim. Impecável quando não precisa falar, mas quando isso se faz necessário o garoto mostra que foi gerado no mesmo laboratório de onde saiu Richie Andrusco, do gracioso *O Pequeno Fugitivo*. O veterano Scatman Crothers, no papel do cozinheiro, parece em estado de graça a nos hipnotizar com a sua portentosa dignidade. Shelley Duvall, no papel de Wendy, permanece em transe, como se durante todo o filme estivesse lendo a folha que tirou da máquina de escrever do marido: Wendy jura por Deus que tudo aquilo é um pesadelo. Quanto à fotografia, John Alcott, Garret Brown e Douglas Milsome fizeram dela uma homenagem ao mestre. Eles excluiriam Kubrick daquela anedota que circula entre os diretores de fotografia. Segundo esses profissionais, o sonho de todo diretor quando morre é voltar para a terra como fotógrafo. A fotografia de *O Iluminado* não remete à pintura, à música ou a qualquer outra forma de arte. Ela é a própria arte, o produto acabado que torna ainda mais envolvente o cinema dentro de nós. Sobre Kubrick, o diretor de fotografia John Alcott disse que "trabalhar com ele é como ir para a escola e ainda receber um salário!"[10].

Por mais de uma vez, deixamos o DVD passando no vídeo e ficamos de longe acompanhando a banda sonora. Escutar os sons de *O Iluminado* é escutar o mundo real e os gritos dos mortos. Os que já se foram estão entre a gente, nos provando que somos como os fantasmas. Penamos com o terror da civilização dopada pelo sono eterno das sombras da irracionalidade.

Wendy Carlos, Rachel Elkind, Ligeti, Bartók, Penderecki tocam para que as imagens acelerem nossos batimentos cardíacos. O pavor se apossa de nós, a toda hora sentimos medo de que uma daquelas assombrações venha bater em nossa porta. O gigante não para de mexer na caixa de ferramentas, a procurar seus aplicativos para ajustar imagem-visão com imagem-sonora. Então tudo se torna possível. A música dramática pode muito bem ceder o seu lugar para uma

---

[10] Depoimento em M. Ciment, op. cit., p. 191.

canção romântica onde o intérprete escande docemente as palavras "with stars and you" (com as estrelas e você)[11].

Isso funciona porque nós nos acalmamos e terminamos cantando no final do pesadelo. Enquanto os fantasmas se punham a mil, matando e assustando, o moçambicano Al Bowlly canta "Midnight brought us sweet romance / I know all my whole life through / I'll be remembering you / Whatever else I do / Midnight with stars and you" (A meia-noite nos trouxe um belo romance / Eu sei que por toda minha vida / Vou lembrar de você / Não importa o que eu faça / Meia-noite com estrelas e você). Evidente que era só coincidência a escolha desse cantor que morreu, em Londres, no ano de 1941, vítima de ataque aéreo comandado pelos alemães. Essa hipótese não consta do delirante *Room 237*, mas bem que poderia estar entre as surrealistas associações formuladas por Rodney Ascher. Desconfiamos que Ascher sabia que todas aquelas associações feitas por Kubrick ao longo de *O Iluminado* são um jogo, um truque para prender a nossa atenção. Quanto ao outro assunto, se foi mesmo Kubrick quem filmou a chegada do homem na lua, julgamos que não é por aí. Para Rodney, o monstro era o gênio da imagem e aquela filmagem, um servicinho precário. Erros primários de iluminação, a letra c toscamente pintada na pedra, sem falar na bandeira, que de fato, tremulou, embora a Nasa negue isso de pés juntos. Admitimos: Kubrick foi consultado, mas se safou dessa. O diretor era um perfeccionista. Já nos idos de 1953, nos seus primeiros passos, a toada posta em prática pelo gigante primava pela competência: *The Seafarers* (Os Marinheiros), como filme institucional, é lição de cinema.

O Iluminado é obra arquitetônica cheia de surpresas produzidas pela mente monstruosa de Kubrick. Todos seus andares têm a altura certa, as dimensões exatas e todas foram alicerçadas no rigor estético e no polimento da imagem.

Se existe outro gênio em ação nas imensidões do hotel sinistro, esse deve se chamar Jack Nicholson, em sua melhor interpretação no cinema. Nas contas de *O Iluminado* tudo deu certo. O cachê de uma

---

11 No gênero terror há um *cult* de Lewis Allen que tem como marco uma música muito conhecida: "Stella By Starlight", composta por Victor Young. O filme *The Uninvited* (O Solar das Almas Perdidas, 1944), tornou-se presença obrigatória nas boas listas dos dez melhores filmes de terror da história do cinema.

estrela como Jack Nicholson custa uma montanha de dinheiro, portanto temos que tirar proveito disso - esse é o mandamento capital de todo produtor astuto. Em *Le Mépris* (O Desprezo, 1963), Godard, a pedidos, rodou uma cena de Brigitte Bardot nua na cama. Nesse ano, o hermético Jean-Luc conheceu a glória efêmera de figurar entre os dez maiores sucessos de bilheteria na França. Quem também fazia parte do elenco era Fritz Lang. Os franceses amam Lang, especialmente Godard. Na segunda parte do documentário *Dossiê Fritz Lang*, o diretor aparece num depoimento feito em seu irretocável francês, contando o episódio da decisão de deixar a Alemanha e ir morar em Paris. Lang disse que fora convidado por Joseph Goebbels para uma reunião em Berlim. O ministro da Propaganda do Reich da Alemanha Nazista começou falando que Hitler era admirador de Lang, amara o filme *Metropolis* e queria que o diretor assumisse o comando da indústria cinematográfica germânica. Mas Lang abriu o jogo: "o problema dr. Goebbels, é que eu tenho uma avó judia". O publicitário retrucou, com energia: "Dr. Fritz Lang, somos nós quem decidimos quem é judeu e quem não é judeu na Alemanha." Lang sorri para a câmera e retoma a narrativa, dizendo que saiu da reunião em tempo de se dirigir ao banco, do qual tirou todo o dinheiro da sua conta, e pegou o trem para Paris. Foi assim que chegou à França, apenas com a roupa do corpo. Nos seus últimos anos de vida, com problemas sérios de visão, Lang afeiçou-se a um chipanzé. Andava com Max para tudo que era canto, o animal fazia a vez de seus olhos, os olhos do criador de dr. Mabuse. O amor pelos animais era outro ponto em comum entre Lang e Kubrick que falava com cães e gatos. Um vienense, outro nova-iorquino, duas almas inigualáveis, dois gênios da humanidade nascidos nos laboratórios da usina de sonhos.

Se existe uma síntese para o cinema de Kubrick, foi formulada por ele mesmo, ao afirmar que o ritmo é a história. Kubrick pôs em prática essa receita em toda a sua filmografia, mas especialmente em *O Iluminado*. Trabalhou exaustivamente as elipses do ritmo e da narrativa, explorou a dramaticidade da palavra, a sinergia da música, a materialidade da imagem, uma câmera inspirada, uma montagem precisa, um elenco impecável e ainda contou com a sorte. Improvisou um final para o filme colocando a foto do *star* Jack Nicholson em roupa de gala. Foi uma genial jogada publicitária. *O Iluminado* estourou na bilheteria. O roteirista Roger Avary percebeu que algo tinha mudado, ele disse que "após assistir *O Iluminado*, fui vê-lo uma semana mais tarde e já estava diferente. Kubrick continuava a afinar o filme mesmo depois de ser lançado"[12].

O terror vem do Hotel cravado no gelo e daqueles fantasmas psicóticos. Terror que virou cinema de mil pulmões. Recentemente, o ficcionista Stephen King reconheceu que a emoção e o suspense do filme são de altíssimo nível. Para quem dissera que a adaptação de Kubrick era um *cadillac* sem motor, a coisa mudou da água para o vinho. Demorou, mas King acabou se convencendo da capacidade de Kubrick dançar sem encostar os pés no chão, como Rudolf Nureyev. Isso virou rotina na vida do diretor, ele colecionou filmes renegados que depois passaram a ser tidos como obras-primas. Quantas e quantas vezes, Kubrick não se deparou com essas assombrações?[13]

---

12 Roger Avary é o autor do roteiro de *Pulp Fiction*, que lhe deu um Oscar. Sempre que a questão vem à baila, Roger confirma a mudança no final de *O Iluminado*, com o filme em exibição nos cinemas de Nova York. Nunca ninguém do *staff* kubrickiano o desmentiu.

13 No pôster mais conhecido de *O Iluminado*, o pai, a mãe e o filho estão prestes a entrar no labirinto de gelo. O labirinto e as letras do logo do filme são granuladas e picotadas. A ilustração é em preto e branco, um traço simples e o tom do fundo num amarelo suavemente dourado. Um primor de grafismo. O outro pôster era o cartaz teatral com o T gigante, destacado da palavra *O Iluminado* e o rosto de Jack Nicholson na mesma técnica. Curiosidade: nas provas dessas joias concebidas por Saul Bass, é possível ver as anotações do monstro, feitas à caneta em letra legível. Martin Scorsese é outro admirador de Saul Bass, chegando a afirmar: "Seus títulos não são apenas etiquetas de identificação não imaginativa... Quando seu trabalho surge na tela, é o próprio filme que realmente começa" (Jennifer Bass; Pat Kirkham, *A Life in Film & Design*, New York: Laurence King, 2011; tradução nossa). Coerente, Scorsese chamou o veterano Saul e pediu que ele desenvolvesse aquela criativa apresentação de *Goodfellas* (Os Bons Companheiros, 1990). Pode-se ver as fotos dos cartazes de *O Iluminado* em A. Castle (ed.), op. cit., p. 457. De um deles, o veterano Saul Bass, desenvolveu trezentas versões, atendendo a pedidos de Kubrick.

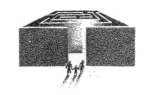

18

A
LOLITA
DO
VIETNÃ

13

A LOLITA DO VIETNÃ

Em *Nascido Para Matar* somos apresentados à ala mais radical do Clube do Mickey. Uma singular família de matadores de nomes gozados: Joker, Animal Mother, Cowboy, Eightball, Rafterman, Crazy Earl, Gomer Pyle, Doc Jay. E é na companhia desse pessoal que vamos conhecer um país de céus nunca azuis, de fogo em todos os horizontes, de minas exterminadoras em todos os caminhos, de lolitas vietcongues em todas as ciladas, de diálogos impronunciáveis e de heróis que nos sequestram a alma chamuscada por imagens desatinadas. Não há truque. O filme é seco e bruto, como está no título original *Full Metal Jacket*, a cápsula de metal que reveste a bala do fuzil, chamada no Brasil de dundum.

Pois bem, o gênero "filme de guerra" contava com longas-metragens de Francis Ford Coppola, Michael Cimino e Oliver Stone quando o nova-iorquino do Bronx apontou a câmera para a Ásia e da carnificina extraiu um tiro que nos entra pelo olho furando membranas e abrindo cavidades na massa cinzenta que, mole como manteiga, abre caminho para a bala sair do outro lado da cabeça. Aqui Kubrick volta a seu velho núcleo, a impotência do homem por haver perdido o controle sobre sua vida. Tema recorrente desde os tempos de *Medo e Desejo*. Não duvidamos que o diretor tenha ido buscar esse tema na *Eneida* de Virgilio. "Flectere si nequeo superos, Acheronta movebo" (Se não posso dobrar os poderes superiores, moverei o inferno).

Na novela *The Short-Timers*, de Gustav Hasford, que dá origem ao filme, os soldados estão no Vietnã por um tempo determinado[1]. Todo soldado é responsável por um calendário de bolso onde está anotada a data de sua chegada e de sua partida. A mecânica do calendário funcionava assim: cada dia que o soldado escapava da morte era coberto de tinta. E havia um detalhe importante: o corpo da mulher peituda reproduzido no calendário estava dividido de uma forma tal que a parte mais atraente da anatomia feminina coincidia com a data de sua "baixa". Era um autêntico jogo de azar. Mesmo estando prestes a voltar para casa, as últimas horas passadas no Vietnã poderão significar os seus derradeiros minutos aqui na Terra, tal como aconteceu com a personagem Cowboy, interpretada por Arliss Howard. Ele já estava com o pé fora da guerra quando a lolita de olhos puxados lhe esfarelou o coração.

Nascido Para Matar nos põe em contato com o sargento Hartman, em interpretação de Lee Ermey, uma das mais marcantes personagens de Kubrick. Ele personifica a energia tenebrosa da metamorfose. Estamos falando do treinamento de oito semanas sob as ordens de Hartman, a "instituição" que converte "senhoritas" em soldados. Kubrick definiu essa personagem como a enciclopédia do insulto. Quem viu o filme sabe muito bem que veludo, que pétala de rosa, era o gentil militar. Que o diga Leonard Lawrence, interpretado por Vicent D'Onofrio, o soldado apelidado de Gomer Pyle, numa referência a uma personagem bobalhona de um seriado de tevê. A metodologia do abnegado sargento pode ser sintetizada em duas de suas barbaridades: "quanto mais vocês me odiarem, mais vocês vão aprender". Ou ainda, quando ele afirma que "nenhum recruta pode ficar em paz".

No fundo, o caricato sargento é outra vítima da guerra. Transformados em robôs, a moçada, quando indagada qual é o seu meio de vida, responde de bate-pronto: "Matar! Matar! Matar!" Os loucos bravos rezam por sangue. Honram o nome dado pelos alemães: *Teufel-Hunden* (Cães do Diabo). No entanto, por que será que esses valentões tremem de medo quando ficam sabendo que Lolita anda por perto? A maldita ninfeta não erra um tiro. Sempre acerta no alvo: o coração

---

1 Cf. *Nascido Para Matar*, trad. Antonio Carlos Penna, Rio de Janeiro: Record, 1988.

dos soldadinhos ianques. O estampido do tiro vem colado ao sonoro grito do desespero da morte.

Apesar de ter um envolvimento muito livre no que se refere à lógica de seus enredos, Kubrick era sistemático na maneira de contá-los. O espectador sempre sabe onde estão as personagens, em que ano ocorre a ação, tudo no formato clássico, isto é, com começo, meio e fim (não importa se em *flashback* ou não). Nesse aspecto, *Nascido Para Matar* é matemática pura. São exatamente duas partes: na primeira ocorre o treinamento e na segunda os combatentes já se encontram na linha de fogo, matando ou morrendo. Especulações filosóficas? Particularidades psicológicas? Não, nada disso, não percamos tempo com mergulhos nas ambivalentes subjetividades. As personagens do filme são máquinas atoladas até a cabeça neste mundo de merda. E a merda é tão grande que ficamos torcendo para que as suas contradições se arrebentem o quanto antes. Apologias à parte, Kubrick enobreceu o gênero filme de guerra por exaltar a amizade entre os combatentes. Cena emocionante quando, logo após a morte do Cowboy, Animal Mother (Adam Baldwin), propõe a Joker: "agora vamos dar o troco". Joker concorda no ato e os dois saem disparando fogo à cata do atirador, que logo descobrirão, se trata de uma jovem guerrilheira de quinze anos, no máximo. O ator Matthew Modine, que interpreta a personagem chamada Joker, consegue sintetizar o horror na sua expressão ao se defrontar com a menina combatente. Disposta a lutar até o fim, pois era a sua vida que estava em jogo, a Lolita de olhinhos puxados sonha em repetir o que seus pais fizeram quando mandaram os franceses embora em Dien Bien Phu, 1954, e o que os seus avós haviam feito quando enfrentaram os japoneses em 1941.

A cena de Matthew Modine atirando na cabeça da guerrilheira é o momento mais dramático das dualidades representadas no filme. A violência corrói o que lhe resta de humano. Joker quer vingar Cowboy, o amigo morto, mas o ato em si é um terror. Tem a força do suicídio do desengonçado Gomer Pyle, o último ato, o fluxo do sangue impregnando a parede branca do banheiro, o sangue semeando o país doente de ódio.

Costuma-se dizer que a obra de Kubrick prioriza a visão masculina e que contamos nos dedos o número de mulheres em seus filmes.

Antes de *Nascido Para Matar*, existe alguma figura feminina de relevo? Interessante esse aspecto da obra do diretor. Em seus treze longas-metragens, as mulheres ocupam um papel essencial, porque geralmente elas são as causadoras da trama, porém, quase sempre, protagonizam somente um elemento fílmico paralelo. Em *A Morte Passou Por Perto*, a disputa pelo amor de Gloria vivido por Davey e Rapallo é a base do conflito. Em *O Grande Golpe* é a esposa de um dos membros da quadrilha, Sherry Peatty (Marie Windsor), que põe tudo a perder, porque ela trai o esquema morrendo como a camponesa em *Medo e Desejo*. Em *Glória Feita de Sangue* só há uma aparição feminina: a cantora alemã interpretada pela futura esposa do diretor. Em *Barry Lyndon*, a prima Nora explora a patetice de Barry, porém ela contracena com ele apenas duas ou três vezes. O barco só muda de rumo em *O Iluminado*. Wendy Torrance (Shelley Duvall) é a primeira mulher com consciência na obra do gigante. Ela toma para si a responsabilidade de sair viva do antro de terror. Enquanto personagem, Wendy ultrapassa a fronteira do secundário, ela é um elemento fílmico dominante, tanto quanto o marido psicótico.

Ngoc Lie, a atriz que faz a guerrilheira, aparece menos de cinco minutos, mas desponta como o marco diferencial desse morteiro disparado pelo puro exemplar do Bronx. Kubrick injetou *napalm* puro nas veias da vietcongue, a Lolita de coração valente, a fonte que se mantém fiel à suas raízes, a personagem essencial da qual a história está cheia de exemplos.

É Joker quem se incumbe do tiro de misericórdia. Matar a Lolita, para o jovem Joker, foi mais um incidente de sua sanguinária experiência em solo vietnamita. A realidade é dura: a cada segundo, uma tragédia se abate sobre os meninos do Tio Sam. Tormentos que inspiraram Gustav Hasford a retornar a Saigon em *The Phantom Blooper* (O Fiasco Fantasma, 1995), um retorno que esmiúça o tema da traição. A personagem principal de *The Phantom Blooper* adere aos vietnamitas, encarnando o traíra, já que passa a matar seus companheiros, que vêm a ser o The Short-Timers II e respectivamente o Joker II[2]. Por ódio ou por desespero, o Joker II renasce traidor. Ele adere aos vietnamitas, já

---

2 Cf. *The Phantom Blooper*, New York: Bantam Dell, 1990.

que passa a matar seus companheiros. Com problemas mentais, é internado em um hospital psiquátrico no Japão, do qual acaba recebendo alta. Por fim, regressa a seu país, porém não se adapta mais a vida ali e, pasmem, volta ao inferno para lutar ao lado de seus antigos inimigos. Perto das dualidades de Kubrick, as dualidades de Hasford são mais explosivas. E ele acabaria pagando um preço por seu radicalismo.

Lamentamos, mas é preciso reconhecer, o nosso querido amigo Kubrick se ausentou num momento onde sua presença seria indispensável. Leitor apaixonado por boa literatura, o grande cineasta poderia ter ajudado Hasford. Preferimos pensar que o gigante, possivelmente, estivesse muito absorvido por sua obsessão de trabalhar dia e noite, mas faltou uma coroa de flores no enterro do escritor. Faltou alguma forma de solidariedade quando Gustav Hasford mergulhou na extrema penúria, exilado numa pensão vagabunda de uma ilha na Grécia, onde faleceu, vítima de um ataque cardíaco. A arrecadação do filme, baseado em suas ideias, superou a casa dos 46 milhões de dólares, só na sua terra. Coincidentemente, 46 era a idade de Gustav quando foi se encontrar com Pyle, *cowboy* e a lolita do Vietnã[3].

Nosso mundo bizarro está cheio de coisas estapafúrdias. Antes da regularização das relações diplomáticas com os Estados Unidos, o governo do Vietnã imprimiu um belo selo com a foto de Norman Morrison, o jovem americano que autoimolou-se em protesto contra a intervenção militar dos Estados Unidos no Sudeste Asiático, embaixo do escritório de Robert McNamara, secretário de defesa do governo. Pois bem, o FBI proibiu a circulação desse selo no país, ato que serviu para duas coisas: para criar um câmbio negro, pois o selo tornou-se "figurinha difícil", e também para confirmar que a livre expressão é seletiva.

Em *Nascido Para Matar* a primeira aparição de um vietnamita é em forma de traseiro saracoteador da moça prostituta que se oferece aos soldados ianques. As partes fecham negócio e quando Rafterman

---

3   Disponível em: <gushasford.com>. O primo dele, amigavelmente, disponibilizou tudo na internet. Os seus livros, sabe-se lá por que, estão fora dos catálogos das editoras, mas o dedicado parente não hesitou. Os textos completos estão à nossa disposição. Hoje, a obra de Hasford é cada vez mais admirada e estudada em vários países do mundo, inclusive no Vietnã.

pega a máquina para clicar a foto, é surpreendido por um ladrãozinho local que lhe arrebata a câmera, desaparecendo nas ruas de Da Nang. Fotografar serve de pretexto para mais uma aparição de outro amarelo, dessa vez com a participação do Crazy Earl, interpretado por Keiron Jecchinis, que chama Rafterman para lhe apresentar uma estranha surpresa. Fazendo jus ao seu apelido, o Crazy Earl levanta o pano que cobria o rosto do jovem vietnamita e começa a rir, ri à vontade, feliz da vida por ter como companhia o corpo do inimigo já sem vida. Na sequência acontece o terrível plano da vala de cadáveres dos vietnamitas do Sul, executados pelos vietnamitas do Norte como represália e advertência. Essa cena tem uma edição notável. No tempo certo, em plano fechado, vemos Joker, diante da vala dos mortos, usando seu capacete onde está escrito: "Born to Kill". Kubrick nos mostra que o terror mora nos dois lados. A música composta por Abigail Mead, pseudônimo de Vivian Kubrick, como já dissemos, a filha caçula de Kubrick e de Christiane, reproduz o som de uma porta de metal emperrada, os acordes da engrenagem de uma máquina quebrada a dramatizar as imagens de sonhos tragicamente desfeitos.

Gustav Hasford escreveu que a guerra é um caranguejo negro desatinado, perdido em seus próprios movimentos. A música de Vivian é um balé sinistro onde os caranguejos são os soldados e os vietcongues. De outro lado, na busca de um imediatismo na emoção, Kubrick e filha optaram pelos tons vibrantes do *rock* e de canções populares como "These Boots Are Made for Walking", "Wooly Bully", "The Chapel of Love", a sensacional "Surfin' Bird", "Mickey Mouse March" e fechando a parte sonora, ao cair dos letreiros, Mick Jagger, Keith Richards e companhia emprestam seus acordes em "Paint It Black" porque a barra é pesada.

Vivian Kubrick fez o papel de Squirt, a filha de dr. Heywood Floyd (William Sylvester) em *2001: Uma Odisseia no Espaço*, depois apareceu como figurante no baile do final de *O Iluminado* e muito jovem, aos dezoito anos, dirigiu o *making of* desse mesmo filme. Ela começou a rodar um documentário sobre as filmagens de *Nascido Para Matar*, mas abandonou o projeto. Brigou com o pai, que não aceitou sua recusa em fazer a trilha de *De Olhos Bem Fechados*. Ela saiu de casa. O pai escreveu uma carta com mais de quarenta páginas pedindo para a filha voltar, mas de nada adiantou. Vivian mudou-se para Los Angeles, ingressou numa seita religiosa (a cientologia) e isolou-se da família. Esse fato prestou-se ao deselegante jogo de especulações dos caçadores de mexericos. Porém, a partir do começo do ano de 2014, Vivian vem se manifestando através de sua conta no Twitter. Precisamente no dia dez de março, ela postou uma emocionante mensagem. A caçulinha reproduziu uma colorida foto na qual vemos, na confortável cadeira de palha ela sentada no colo do pai que a abraça com ternura. O texto da mensagem é o seguinte: "In Memory of my Dad, who I loved with all my heart and soul… Dad and Me 1979 on the back veranda of Abbots Mead. 5:24 A.M." (Em Memória de meu pai, que viveu de corpo e alma… Papai e Eu, na varanda dos fundos de Abbots Mead. 5:24 da manhã). Da nossa parte, nos limitamos a notificar o ocorrido. A vida privada de Kubrick compete à sua família. Portanto, passemos para o próximo assunto.

Nas ruas de Da Nang, o casal de moto negociava sexo. A mocinha se escondia atrás dos óculos escuros, vestindo uma blusa apertada que realçava os seios. A vietnamita dizia que "estava tesuda" e que estava "a fim de fazer amor gostoso". A caracterização do vietnamita por duas vezes aparece relacionada à prostituição. Geralmente, qualquer associação referente a eles é de natureza negativa. Cinco dólares o michê, o ladrão que afana máquinas fotográficas, a vala de cadáveres por conta do conflito entre os vietnamitas do Sul e do Norte. De outra feita, quando a aparição ocorre em nível de citação, a coisa fica pior. O sargento Hartman está em cena puxando uma música dedicada ao líder vietnamita: "Ho Chi-Minh is a son of a bitch / Got the blue balls, crabs and seven-year itch".[4] Edificante, um comovente hino à convivência entre os povos…

Em *Nascido Para Matar*, o sargento Hartman tem uma configuração tão caricata que está mais para o bufão do que para o vilão da história. O filme é uma alegoria, segundo a qual a guerra dos dias de hoje é assim: ninguém mais luta por princípios, por amor à pátria ou por ideal semelhante. Joker está certo quando diz que venceu a guerra

---

4   *Blue balls*, gíria para falta de sexo ou por ter negado o direito ao gozo; *crabs*, o chato, parasita que se instala no púbis; *seven-year itch*, a coceira dos sete anos, referência à sarna e, por extensão de sentido, à crise do casamento.

porque saiu vivo da merda, saiu vivo da máquina da morte. Essa é a outra ideia admirável contida no penúltimo filme do diretor. O mesmo não se pode dizer quando Joker declara que está vivo e que felizmente não está com medo. Mentira, mentira descabida. Ele está morrendo de medo, apavorado. Alain Resnais esgotou o assunto em *Hiroshima, Mon Amour* (1959), um poema sobre a impossibilidade de desconstruir a memória e apagar a tragédia do que ficou para trás.

Por certo, Kubrick não queria comprar briga com as onipotentes forças armadas de seu país. Por certo, o enxadrista acompanhou o que aconteceu com Gustav Hasford e os demais artistas que ousaram trilhar a divergência. O que há a se lamentar é o final conformista da história, comprometendo a beleza de sua narrativa. "Eu estou vivo, mas não estou com medo."

Ora, não nos façam rir. Sabe-se lá o que aconteceu durante o processo de criação e produção de *Nascido Para Matar*, mas o que prometia ter a potência de um míssil deu chabu. A leitura de *The Phantom Blooper* se faz urgente, ali encontraremos munição para desarmar as versões "oficiosas". Na epígrafe de sua novela, Hasford escreveu: "Este livro é dedicado aos três milhões de veteranos da guerra do Vietnã, três milhões de homens e mulheres fiéis e que foram traídos por seu país."

Batia forte o moço de Alabama. Mais cuidadoso, Kubrick deu-se por satisfeito por causa da vigorosa visualidade com que emoldurou a personagem da guerrilheira vietcongue. A Lolita do Vietnã é figura típica da lavra kubrickiana, um primor de dualidade, por ser a própria dualidade em forma de gente. Destemida, romântica, ela acaba morrendo, mas seu povo recupera o seu país. O mesmo não se pode dizer dos rapazes treinados pelo patriota sargento Hartman. Os "cães do diabo" renascem em outros jovens, neste momento em combate na Europa (Ucrânia), no Iraque, em Gaza, no Egito, em Israel, no Líbano, no Afeganistão, na Turquia e na Síria. O inferno continua vomitando fogo. É uma pena, mas ninguém levou a sério a advertência do grandalhão Animal Mother: "Eles acham que lutam por liberdade, mas isso aqui é uma chacina."[5]

5   O capacete hasteado no pôster de *Nascido Para Matar* expressa uma das mais ásperas dualidades da obra do diretor: "Born to kill". Detalhe: na lateral do capacete, destacam-se brilhando ao sol, diversas balas de 7,62 milímetros, as matadoras *full metal jacket*.

NICOLE KIDMAN & TOM CRUISE: FUCK OU AMOR?

14

NICOLE KIDMAN E TOM CRUISE: FUCK OU AMAR?

Eyes *Wide Shut* (De Olhos Bem Fechados) foi o filme que mais dormiu debaixo do travesseiro do diretor. Ele ganhara o livro de Ruth Sobotka, sua segunda mulher, nos idos de 1956. Portanto, Kubrick encubou por longos anos o *Breve Romance de Sonho*.

Concessões não eram problema para o "monstro de olhos escuros", como gostava de chamá-lo Malcolm McDowell. Então não estranhe os nomes de Nicole Kidman e Tom Cruise, dois chamarizes de faturamento garantido. Juntos na vida real à época, o casal de atores criou uma expectativa de sexo e erotismo que fez furor na bilheteria. Depois de quinze meses trabalhando no ritmo de quinze horas por dia, Kubrick havia terminado o longa-metragem que tinha sido orçado em 65 milhões para render, no primeiro ano de exibição, exatos 162 milhões de dólares. Muitos de seus admiradores não hesitam em dizer que essa é a obra na qual o gigante mais se abriu para o espectador. Kubrick embarcara na viagem de transformar *Breve Romance de Sonho* em um relato de *polvo y tiempo y sueño y agonías*. Ou, dizendo isso por intermédio das palavras de André Breton: "O que há de mais específico nos recursos do cinema é evidentemente o poder de concretizar as possibilidades do amor."[1]

O filme se vale de uma ideia urdida por uma mente de artista. A história de Arthur Schnitzler se passa na Viena das lamparinas, mas Kubrick preferiu mudar tudo ao transplantar o enredo para a Nova

---

1 *Oeuvres Complètes*, Paris: Gallimard, 1988.

York de hoje. No intuito de impressionar um público mais intelectualizado, o menino do Bronx justificava-se sacando Denis Diderot, o enciclopedista, que do alto de sua erudição, defendia que "o coração humano é, foi e sempre será o mesmo"[2].

Portanto, entre a dona de casa novaiorquina Alice, interpretada por Nicole Kidman, e a dona de casa vienense Albertine, bem como entre o clínico particular dr. William "Bill" Harford interpretado por Tom Cruise e o dr. Fridolin, conceituado médico do Hospital Geral da Viena *fin-de-siècle*, a diferença temporal e geográfica pouco interfere no jogo psíquico que essas personagens travam com a vida.

Ora, e não é que o diretor fez Nova York tremeluzir como se a sua noite fosse iluminada pelos candeeiros da Viena finissecular? Acresça isso o toque de mestre que Kubrick encaçapara ao compor o perfil psicológico das personagens. Duas se mostravam bem excitadas. Comentavam a festa de Victor Ziegler, interpretado por Sydney Pollack, onde o alerta da crise conjugal piscou. Alice revelara que se apaixonara por um oficial da Marinha dinamarquesa, mas o telefone a interrompeu. Era alguém dizendo que Lou Nathanson (Kevin Connealy), pai de Marion (Marie Richardson) partira desta para melhor. Isso significava que o marido traído precisava sair para assinar o atestado de óbito do cliente. Maldita hora, justo quando o par esmiuçava seus desejos ocultos: "quase insuspeitos que, mesmo nas almas mais puras e cristalinas, logram produzir turbilhões perigosos e sombrios"[3].

A festa fora uma cerimônia fáustica, uma caçada sexual. A viagem no táxi até o endereço de Marion Nathanson reanimara o zeloso clínico geral dr. William Harford, ainda sob o impacto das inesperadas revelações de Alice. A câmera de Kubrick o acompanha por uma Nova York, bem diferente daquela que o diretor havia filmado em 1955 quando "estreou" com *A Morte Passou Por Perto*. O boxeador Davey Gordon circulava por uma metrópole de verdade, mas Bill se movimenta em torno de um lugar reconfigurado, que imita o real, e isso o constrange.

---

2   Textos Escolhidos, *Diderot* (*Os Pensadores*). Tradução e notas de Marilena Chauí e J. Guinsburg. São Paulo: Abril Cultural, 1979.
3   Arthur Schnitzler, *Breve Romance de Sonho*, trad. Sérgio Tellaroli, São Paulo: Companhia das Letras, 2008, p. 9.

Surpreendente é pouco para descrever o que ocorrera com o médico que, em seu dever profissional, de repente, precisou amortecer o impacto de uma declaração que só serviu para deixá-lo ainda mais agoniado. Com os olhos banhados em lágrimas no leito de morte do pai, Marion beija Bill e diz que o ama. Ele entendia o desespero da filha de seu paciente diante da iminência de fazer um casamento infeliz. A mulher, que acabara de herdar uma grande fortuna, sofria menos pelo desaparecimento do pai do que pelo medo de não suportar o sacrifício de viver com o noivo que não ama. A perturbada Marion e suas lágrimas, seus olhos inquietos, sua boca amarga, seus gestos inseguros, sua repentina cegueira. Bill não suportara a barra, queria fugir dali, queria sumir na noite incerta. Valia tudo para esfriar a caldeira em chamas que era o seu cérebro.

Em poucos minutos, ele está a vagar pelas ruas boêmias do centro de Nova York. Não demora muito e logo aceita a proposta da doce profissional do sexo Domino, interpretada por Vinessa Shaw, que passa a fazer parte do enredo. A ação se desloca para o seu apartamento, onde um Bill inseguro luta para convencer a si mesmo de que estava à vontade. Dá até gana de rir. Tom Cruise está do jeito que ele é, um bom canastra, então é engraçado quando o ator faz aquela cara de tesão e Domino, no ato, deve ter pensado: "homem lindo, charmoso, mas estranho, muito estranho". Os dois combinam o preço, o doutor faz o gênero desligado. A moça diz que não marca hora, o casal se abraça. Tudo indica que o marido traído concretizaria a "vingança", mas soa o gongo: Alice quer saber a que horas ele vai chegar em casa. Bill desliga o celular. E aí, sim, Tom Cruise dá conta do recado: ele consegue nos convencer que está constrangido e que falar com a esposa não lhe caiu bem. O ator segura "a culpa" da personagem e a situação que interpretava: Domino era bonita, meiga, o casal se seduzira mutuamente, mas era hora de partir. Pondo o celular no bolso, Bill observa a cama onde Domino ganha a vida, observa os móveis e os objetos de cena que tinham uma cor de alegria meio-tom, via-se uma pequena árvore de natal em cima da cômoda. Bill se aproxima da moça, que havia entendido tudo, e ela sorri. Nada poderia impedi-lo de ir embora. Os dois se despedem no clima do "quem sabe, uma próxima vez". No caminho para a noite profunda, Bill vai pensando:

como seria para Domino lidar com o peso das incertezas e dos riscos da prostituição? Bill ficou pensando nisso. Parece um absurdo, mas da outra vez que vai procurá-la, chega tarde demais: a tragédia já havia se consumado. A amiga lhe diz que Domino contraíra o vírus da Aids e naquela época isso significava óbito. Sensível, o retrato que Kubrick faz de Domino. Ela parece tomar a forma de uma árvore para proteger o todo-poderoso dr. William Harford, atingido por um invisível pano escuro que lhe obstruía a visão. Durante todo o filme vai ser assim: a defensiva é o jogo de Bill e deve ser por causa disso que o famoso doutor era chegado numa "carteirada": você sabe com quem está falando?

Sabe-se lá o motivo, mas Bill não voltou para casa: "New York by night." Só nos resta a opção de torcer por ele: um sujeito civilizado, bem-casado, bem-sucedido etc. Kubrick parece também torcer por ele: festejemos, reaja, Bill. Desperte, corno manso. Aproveitemos, a festa explode nas ruas. Nova York se preparava para comemorar o último Natal do Século xx. As pessoas se beijavam nas lojas, nos parques, nos bares. E isso deixou Bill mais tranquilo. O respeitável cidadão seguia por uma calçada movimentada quando de repente, sem mais nem menos, foi hostilizado por um bando de rapazes truculentos. Dr. William Harford foi violentamente empurrado como se os vândalos desejassem expulsá-lo do filme. Os jovens o humilham, chamam-no de "bicha", dizem que volte para São Francisco, mas essa baixaria não interferiu nos planos de Bill, ele refaz o nó da gravata e atravessa a avenida: "agora vocês vão ver porque eu me chamo dr. William Harford".

Na sua batalha por uma aventura, o "rei da carteirada" vai ao Sonata Café, onde Nick Nightingale, interpretado por Todd Field, seu ex-colega de classe na escola de medicina, ganha a vida como o músico da casa. Em poucos minutos, Bill ocupa uma das mesas do Sonata Café e logo se põe a conversar com o pianista Nick, que lhe revela que depois do show iria se apresentar em outro lugar, uma orgia promovida por uma sociedade secreta, a "Sociedade dos Livres". Tratava-se de uma festa de sexo grupal onde ele devia tocar piano de olhos vendados. Bill implora que o amigo o leve para a bacanal. Pedido aceito. Nightingale era simpático, educado e gostava de música, a primeira coisa que fez quando viu Bill no Sonata Café foi pedir desculpas, a banda era fraquinha e, naquela noite, estava de amargar. Aliás, deveras estranho aquele bar. Se não estamos enganados, vimos Christiane Kubrick e amigos numa mesa. O que diabo a mulher do diretor estaria fazendo em Nova York, num bar de música fajuta?

Passemos à fornicação. A festa dos Livros causou tensão entre Kubrick e Frederic Raphael. O roteirista disse que a ideia foi sua e que ele se inspirou na Sociedade dos Livros, instituição secreta constituída por amigos do presidente John Kennedy, uma elite intelectual, pessoas acima da lei, a quem competia decidir os rumos da humanidade. O lema da organização era "Demais Nunca é Demais". Segundo relatórios da FBI, que Raphael falou que tivera acesso, há pastas contendo relatos sobre as festas dos Livros. Entre os membros da sociedade estavam os sócios chamados de "encanadores", sujeitos encarregados de blindar os escândalos da seita. (Houve uma época que isso se chamava *cover-up*.) Um desses casos foi a misteriosa morte de duas mulheres, a primeira em um motel e a segunda em desastre de automóvel, ambas secretárias do clã Kennedy, em Chappaquiddick. O escritor Frederic Raphael garantiu que enganara o diretor, pois quando esse perguntou de onde ele havia tirado a ideia da orgia sexual, Raphael assegurou que tudo fora fruto de sua imaginação. Mentira ou não, é de domínio público o poder e o *glamour* do ilustre casal John e Jacqueline Kennedy. Na véspera do dia do atentado, amigos lhes prepararam uma surpresa. No Hotel Texas em Fort Worth, na suíte 850, onde eles dormiram sua última noite juntos, foi montada uma exposição de obras-primas da pintura internacional, dezesseis telas de pintores do nível de Picasso, Monet, Van Gogh e nada mais nada menos do que *The Swimming Hole*, de Thomas Eakins, século XIX, clássico maior da arte estadunidense. Há quem diga que entre os organizadores da exposição, que durou apenas uma noite para o seleto público de duas pessoas, figuravam personalidades envolvidas na conspiração que resultou no desfecho trágico do dia seguinte, 22 de novembro de 1963. Será que o homem da capa vermelha que comandava a orgia do filme sabia de alguma coisa?

O jogo com a psique fora substituído por um jogo mórbido com a morte. A fornicação coletiva ocorre na "Mansão do Poder". A cena foi locada no castelo dos Rothschild, Mentmore Towers, em Long Island. Todos, uns oitenta convidados, usam máscaras, inclusive os seguranças. Máscaras de fino gosto, em estilo veneziano, cores e formatos diferenciados. Os homens vestem uma capa comprida, um deles, o chefe do grupo, interpretado por Leon Vitali, se destaca por causa de sua vestimenta vermelha. As mulheres também usavam capas, mas as peças se soltam de seus corpos para revelar a nudez escultural. Pelas dependências do castelo, cenas de sexo grupal, porém subitamente tudo parece parar, porque o estranho no ninho chama atenção. Um dos mascarados cumprimenta o forasteiro. A moça nua e de máscara se aproxima dele e o avisa para chispar dali, mas a anta quer ficar. Um homem pega a jovem pelo braço e ambos desaparecem por trás de uma coluna. A tensão sobe na escala. Uma canção sussurrada por vozes masculinas numa língua estranha ganha corpo e mistério. O clima é inquisidor. Bill prefere bancar o desentendido, está louco para beijar uma daquelas belas mulheres. Um dos conceitos desenvolvidos por Freud, contemporâneo e amigo de Schnitzler, parece ter sido pensado para expressar o que ocorria na fornicação dos Livres: "O sexo se problematiza quando o homem perde contato com as coisas, perde a continuidade da natureza e se vê lançado em um universo simbólico."[4]

Contudo, deixemos de filosofias. A festa terminara, pelo menos para dr. William Harford, pois ele fora desmascarado. Os inquisidores obrigam Bill a tirar a roupa. Mandy, interpretada por Julienne Davis, a moça que ele salvara na festa da casa dos Zieglers, se oferece para ser punida em seu lugar. Que sorte surgir do nada aquela deusa de ofuscante nudez! Bill é liberado para ir embora, após ser notificado que se tentar pôr alguém no encalço da sociedade secreta pagará caro. O diretor então nos oferece um plano geral da mansão, como despedida, pois ali os Livres imprimem as regras do Grande Sistema. Finalmente, a Sociedade dos Livres engenhou o mais sofisticado tipo de controle. Protegidos pelo anonimato, os administradores do sistema brincam de humilhar o doutorzinho metido a besta. Não são apenas os interesses que os unem, mas a promiscuidade.

Ignorando ameaças, Bill decide investigar o sumiço do pianista Nick Nightingale, da garota de programa Domino e da modelo Mandy, a mulher que o salvara na orgia dos Livres. O músico saíra do hotel acompanhado por dois homens fortes, o rosto cheio de hematomas,

---

4   *O Mal-Estar na Civiização*, trad. Paulo Cesar de Souza, São Paulo: Penguin/Companhia das Letras, 2011.

assustado e mudo. Domino recebera os resultados dos exames, ela contraíra o vírus da Aids e fora hospitalizada. De outro lado, Mandy jazia numa gaveta do Instituto Médico Legal de Nova York. Bill quase bate o rosto no corpo da morta, buscando encontrar sinais de agressão física. Mandy fora assassinada, serviço benfeito, todos os jornais falavam em *overdose* e que a jovem modelo era viciada em drogas. O médico sai do necrotério cabisbaixo e temeroso. Um estranho o seguia pelas ruas. O jornal que ele lê no bar estampava a manchete: "Lucky to be Alive" (Sorte de Estar Vivo).

Em seus desmandos noctívagos, Bill encontra pessoas torpes: Milich, interpretado por Rade Sherbedgia, o proprietário da loja de aluguel de fantasias e trajes a rigor Rainbow Fashions e o milionário Victor Ziegler, que honra a capa vermelha e a máscara veneziana, pois é um dos cérebros da Superior Sociedade dos Livres. Na partida de sinuca, uma das cenas mais longas na filmografia de Kubrick, reluz sua febril canalhice. Certamente, ele era o mascarado que reconhecera Bill na noite de sexo livre. Bill fora obrigado a tirar a máscara. A mesma máscara que deixara de devolver à Rainbow Fashions, objeto que se tornará o elo que justifica o final do filme.

As maquinações ocultas que assaltam as personagens kubrickianas são servidas com fartura. Filme de gente da alta sociedade só na aparência, porque o diretor dá voz e trânsito às pessoas de vida difícil, os seres periféricos e oprimidos: o músico Nick, a prostituta Domino, o recepcionista gay do hotel, a modelo Mandy Sally, interpretada por Fay Masterson, a amiga de Domino ou a própria Marion, herdeira de uma fortuna, mas num abismo existencial sem saída.

Duas festas ocorrem em *De Olhos Bem Fechados*. A comemoração natalina na mansão dos Zieglers e a orgia secreta. Na primeira, Alice se vê sozinha por alguns minutos, o marido havia sido chamado para socorrer uma pessoa que passara mal. Então ela conhece Sandor Szavost, interpretado por Sky Dumont, o ardente, o sedento, o inebriado. Dançam "I Only Have Eyes For You". Magia e sensualidade ocupam todo o espaço da tela. Alice diverte-se provocando o homem de cabelos grisalhos que se apresentara como húngaro. Ela gira a mão esquerda cintilando sua aliança e, risonha, despacha o galã com uma pérola cruel: "Sou casada." Alice pontua que se relaciona bem consigo mesma e que interage com as pessoas com mais naturalidade do que o marido. A dama se despede do *monumental* conquistador com um um irreverente "selinho". O oposto do que acontece com seu legítimo esposo, que telefonara para Marion, que voltara a procurar a jovem prostituta e que visitara Rainbow Fashions, curioso para experimentar o veneno da libidinosa ninfeta, interpretada por Leelee Sobieski, a filha do dono da loja de fantasias. Alice abriga o sonho de que o marido desça do palco, que esqueça sua mania de plateia. No mais, a vida segue. Ela aprecia seu cotidiano, seu lar, suas leituras, seu papel de mãe e de esposa. Ela navega no sensível enquanto Bill está travado atrás da porta que não abre. Ele prefere se fixar na ilusão, mas um cisco trazido pelo vento caiu-lhe nos olhos e isso sempre quer dizer alguma coisa.

Kubrick não é historiador, mas o corte que ele fez entre os anos 1920 em Viena e o fim do século XX em Nova York é obra de quem conhece as equivalências do Tempo. Viena *fin-de-siècle* nos deu o homem psicológico, enquanto as grandes metrópoles mundiais do século passado fundaram a mulher psicanalisada.

Kubrick era o rei dos preparativos. Cortar seco para a cena onde o casal consome *cannabis* não teria a menor graça. O diretor gostava de mostrar as coisas do começo e, então, Alice abre o armarinho do banheiro, pega a latinha do *band-aid*, espalha a erva na seda e enrola o baseado para fumar com o marido. O que segue provocou ira em muitos espectadores: o casal Cruise beira o ridículo. Conhecemos pessoas que odeiam o momento em que Nicole Kidman se contorce em risos, quase que deitada no tapete, zombando das asneiras proferidas pelo dr. Harford. Infelizmente nem sob o efeito da droga o casal agia e se expressava de modo verdadeiro. Alice cuidava bem do seu ego, buscava experiências renovadoras, não queria rastejar no chão da mediocridade, procurava conhecer a si própria e desejava aprender a lidar com a vida dos instintos por saber que ela é determinante na conquista do bem-estar. Bill gagueja, tenta corrigir o que disse e depois apela ao atribuir o comportamento impetuoso da esposa ao baseado. Por certo, o tiroteio verbal precisava de uma mentira forte e então Alice inventa um sonho todo arrumadinho: o miraculoso oficial da Marinha do Reino da Dinamarca se apaixona por ela. Bill não entende o que estava acontecendo e esse é o clima de um dos pôsteres de divulgação do filme: Alice olha para o espelho, vê a sua imagem refletida e vê o marido que, de rosto e olhos fechados, oferece-lhe sua áurea de pouca entrega. O outro pôster é mais completo, por captar a síntese da última palavra do artista Kubrick. O cartaz consiste numa ilustração da mulher deitada, nua e na confluência da vagina, o diretor de arte inseriu a foto do olho azul levemente maquiado. Síntese certeira da natureza feminina, a eternidade e o poder do belo sexo. O olho azul é o único ponto de luz no desenho da mulher. O significado do cartaz é uma extensão do significado do filme. Não se trata de um relato que expressa um ponto de vista feminino, pois expressa fundamentalmente que existe o homem e a mulher e que um complementa o outro. Alice está mais pronta para a vida do que o seu marido. Com notável humildade, *De Olhos Bem Fechados* reporta-se a um fato comum: todo ser humano experimenta crises existenciais. Porém, somos capazes de lograr a superação. Do conflito à cura, Bill repara-se. Por certo, Kubrick conhecia *Geheimnisse einer Seele* (Segredos de Uma Alma, 1926), clássico do cinema alemão que mostra a doença e a cura de uma personagem em crise existencial, dirigido por G.W. Pabst que contou com a colaboração de Hans Sachs e Karl Abraham, dois dos mais próximos parceiros de Sigmund Freud, autor que Kubrick conhece, porque lera a sua obra, conforme informação do biógrafo Vicente LoBrutto[5].

Onde será que Pabst escondeu o roteiro da sua adaptação de *Breve Relato de um Sonho*? Qual a visão que o diretor de *Die Büchse der Pandora* (Caixa de Pandora, 1929) tinha de Albertine, o nome de Alice no livro? Desconhecemos, na história do cinema, fotograma mais simbólico do que a nudez de Nicole Kidman nos minutos iniciais de *De Olhos Bem Fechados*. Como seria a aparição de Alice na adaptação de Pabst? Gostaríamos de compará-los, porque consideramos essa a obra mais pessoal de Kubrick, o trabalho onde ele mais se expôs.

O nível de exposição do diretor incluiu a aparição de Christiane, sua mulher, de Katharina Kubrick Hobbs, sua filha e de Alex Hobbs,

5   Cf. *Stanley Kubrick: A Biography*.

seu neto. Normalmente, essas participações são brincadeirinhas que os cineastas gostam de fazer, sendo o caso de Hitchcock o mais célebre. Porém, no último longa do vendedor de balões, os *takes* da esposa, da enteada e do neto são reflexos do drama pessoal que o amargurava. À sua maneira, o pai sofria com a ausência de Vivian Vanessa, que fora embora para os Estados Unidos. Stanley e Christiane fizeram de tudo para que a caçula reconsiderasse a separação e voltasse para casa, no entanto, Vivian recusara qualquer forma de contato, estabelecendo uma distância que sufocava todos moradores da mansão da propriedade rural dos Kubricks, incluindo o grande número de gatos e cachorros. Após anos de sucessivas tentativas de reconciliação, por volta de 1998, Christiane veio a público comunicar que a família só teria a opção de respeitar o isolamento da filha. Com muita dor, mas em respeito a Vivian, eles declararam que a haviam perdido para a cientologia. As cenas de Christiane, filha e neto ao longo do filme são como um recado para a fujona. Pessoas que participaram da intimidade do casal disseram que o apartamento de *De Olhos Bem Fechados* era igualzinho a um que eles tiveram quando moraram em Nova York. O filme cruza vida pessoal e arte como nenhum outro do diretor. Depois de dez anos, sem nenhum contato com a família, Vivian compareceu ao enterro do pai, em Childwickbury. Veio com uma colega da cientologia. O comportamento de ambas criou tensão, porque elas não falavam com ninguém e só trocavam palavras entre si. Desconhecemos se Vivian conversou com Tom Cruise, também presente na cerimônia e conhecido por ser um seguidor da seita. Vivian e a pessoa que a acompanhava não esperaram pelo fim do funeral, foram embora logo depois do sepultamento do pai. Vivian tuitou em 2014: "pensando no meu pai no seu aniversário, imaginando onde ele está nesse vasto universo. Na Terra de novo, 15 anos de idade? Huumm!"

"Real is good, interesting is better" (o real é bom, o interessante é melhor). Essa era uma das frases preferidas do diretor. De certa maneira, isso se projetou tanto na sua vida profissional quanto na sua vida pessoal. O duplo, portanto, não lhe era estranho. Enquanto pensava e filmava *De Olhos Bem Fechados*, Kubrick sofria com a dor da briga com a filha, mas do outro lado da margem do rio, eis que Alain Conway estimulou o seu senso de humor tão selvagem e tão particular. Alain Conway foi o tal sujeito que, se aproveitando do retraimento social do cineasta, amealhou sua coroa e se fez passar por Kubrick em lugares públicos e reuniões sociais. O impostor viveu a gloria efêmera dos refletores, comeu e bebeu do melhor, coloriu sua vida sexual conquistando muitos namorados, viajou bastante, dizem que esteve pelo Rio de Janeiro e que amou. Concedeu entrevistas a jornais e revistas de grande circulação, mas, um dia, tremeu na base quando do outro lado da linha telefônica uma voz masculina dizia que quem falava era o verdadeiro Kubrick e que tinha o imenso prazer de conversar com o seu *clone* favorito. Suspeitamos que a ideia de fazer um filme sobre Alain Conway saiu da cabeça do nosso irreverente amigo. No mínimo é muito suspeito que a direção de *Color Me Kubrick* tenha caído nas mãos do Brian Cook, assistente de direção em uma porção de filmes do menino do Bronx. Como se não bastasse, veja que quem assina o roteiro é o velho parceiro do diretor, Anthony Frewin, interlocutor e amigo de Kubrick de pelos menos trinta anos. Curiosidade: *Totalmente Kubrick*, na tradução brasileira, explodiu na bilheteria. Mais um impostor fora imortalizado e isso teria arrancado boas risadas do papai de Vivian, tão precisado de uma terapia de gargalhadas. Cook e Frewin filmaram *Totalmente Kubrick* anos depois da morte do diretor, o seu lançamento comercial se deu nos primeiros meses de 2005.

Se um dia tivermos a oportunidade de levar flores para Stanley Kubrick em sua última morada, gostaríamos que elas expressassem nossa admiração pelos seus valores humanistas. Deve ser essa a razão de sua incontida alegria por se comunicar com o maior número de pessoas possível, cultivando nesse repasto um campo de impressões plásticas onde passam os trovões das agonias e o arco-íris do prazer. Um pequeno regato: o homem. Um oceano maior, imensamente infinito: a obra de arte que se movimenta, dobrando-se em imagens que se convertem em mensagens e as de Kubrick, querendo ou não, portam um inestimável valor pedagógico. Filmografia útil, farol e espelho subversivo que inverte, desvira, vê de cima, vê do fundo do abismo a visão intergaláctica, periférica, falsa, real e cheia de expressões sérias e de risos saborosos, do monólito das emoções e do desafio de fazer alguma coisa com os nossos medos e nossas imperfeições.

Na cena da orgia, ouve-se o seguinte trecho das "Escrituras Sagradas do Hinduísmo": "Para a proteção dos virtuosos, para a destruição do Mal e para o estabelecimento firme de Dharma [retidão], eu nasci de novo e estou encarnado na Terra, de geração em geração.".

Trata-se do palavreado estranho em forma de coro que acompanha o gestual dos devotos que participavam da fornicação litúrgica. Deu um problemão, entidades religiosas ligadas ao hinduísmo pediram para Kubrick retirar as "Escrituras" do filme. Incomodaram-se ao vê-las associadas a cenas tão bizarras. O diretor atendeu aos religiosos. Há uma versão de *De Olhos Bem Fechados* sem essa reza. Mas convenhamos, ela é pertinente. O coro sussurrando essa oração se harmoniza com a melancolia que atingira o cineasta por causa da ausência da filha. "Estou encarnado na Terra, de geração em geração... para o estabelecimento da retidão, para a Destruição do Mal."

As vozes compassadas traziam a sonoridade que o pai julgara apropriada para comovê-la a voltar para casa o mais urgentemente possível. Humilde, Kubrick admitia ter errado e pedia o perdão da caçulinha. Em várias entrevistas, Kubrick gostava de dizer que: "a vida pode ser entendida de três maneiras: pelo poder, a renúncia e o amor". Na tentativa de reconciliação com a fujona, Kubrick investira pesado na renúncia e no amor. Infelizmente, a tática não produziu efeito.

De Olhos Bem Fechados é um festival de beijos. Alice e Bill se beijam em diversas ocasiões, beijos ardentes, beijos sem graça, pois carinho não é procedimento estranho para o casal. Alguns beijos se repetem. Na cena íntima entre Alice e o seu "amante", ela tira a calcinha para ele diversas vezes. Em contrapartida, outros tantos beijos acontecem no périplo de Bill por Nova York, revelando uma interessante característica da personagem. O contato físico entre Bill e Marion, Bill e Domino, Bill e Sally, a amiga de Domino ou os furtivos carinhos na orgia dos Livres, nenhuma dessas carícias foi mais forte do que a compaixão que Bill sentia por eles. O humanismo do médico derruba o castelo que ele construíra para se esconder de si mesmo. Era como se Bill estivesse em processo de análise. Nos minutos finais do filme, ele "cura-se" quando vê a máscara que usara na orgia em cima do seu travesseiro, colocada por sua companheira. Em prantos, Bill começa a contar tudo, abrindo o fundo do coração. Reconciliados, a mulher, o marido e a filha compram presentes que irão decorar a árvore de Natal de sua casa. Porém faltava uma coisa. *Fuck*, propõe Alice. Custa a crer que o cineasta tido e havido como um monstro do pessimismo terminasse seu último filme celebrando uma apologia ao casamento. Sua última palavra é uma sustentável canção à sobrevivência do amor romântico. Portanto, descanse em paz, monstro. Você amava o cinema e amava a multidão que se reinventava em contato com os clarões da tela.

É um equívoco afirmar que pelo fato de Kubrick não ter nem sequer pisado na sua cidade natal, Nova York, ele estaria menosprezando sua terra e suas origens. *De Olhos Bem Fechados* não parece, porém é, o seu filme mais americano. Puramente americano na estrutura, puramente americano no modelo clássico de desenvolver a trama. Hollywood se especializou em mostrar a normalidade que é convulsionada por um incidente anormal e a tessitura do filme se desenvolve a partir daí. Para mais tarde, no desfecho, restabelecer as coisas a fim de que a vida prossiga na sua normalidade. Em sua grande maioria, essa é a cara do cinema estadunidense. *De Olhos Bem Fechados* colou firme nesse rumo e no fim a normalidade é tanta que o mocinho e a mocinha encostam a porta para usufruírem dos prazeres, emoldurando a redenção orgiástica.

COLEÇÃO PERSPECTIVAS

Eleonora Duse: Vida e Arte
    Giovanni Pontiero
Linguagem e Vida
    Antonin Artaud
Aventuras de uma Língua Errante: Ensaios de Literatura e Teatro Ídische
    J. Guinsburg
Afrografias da Memória
    Leda Maria Martins
Mikhail Bakhtin
    Katerina Clark e Michael Holquist
Ninguém se Livra de Seus Fantasmas
    Nydia Lícia
O Cotidiano de uma Lenda: Cartas do Teatro de Arte de Moscou
    Cristiane Layher Takeda
A Filosofia do Judaísmo
    Julius Guttman
O Islã Clássico: Itinerários de uma Cultura
    Rosalie Helena de Souza Pereira
Todos os Corpos de Pasolini
    Luiz Nazario
Fios Soltos: A Arte de Hélio Oiticica
    Paula Braga (org.)
História dos Judeus em Portugal
    Meyer Kayserling
Os Alquimistas Judeus: Um Livro de História e Fontes
    Raphael Patai
Memórias e Cinzas: Vozes do Silêncio
    Edelyn Schweidson
Giacometti, Alberto e Diego: A História Oculta
    Claude Delay
Cidadão do Mundo: O Brasil Diante do Holocausto e dos Judeus Refugiados do Nazifascismo (1933-1948)
    Maria Luiza Tucci Carneiro
Pessoa e Personagem: O Romanesco dos Anos de 1920 aos Anos de 1950
    Michel Zéraffa
Vsévolod Meierhold: Ou a Invenção da Cena
    Gérard Abensour

Oniska: Poética do Xamanismo na Amazônia
    Pedro de Niemeyer Cesarino

Sri Aurobindo ou a Aventura da Consciência
    Satprem

Testemunhas do Futuro: Filosofia e Messianismo
    Pierre Bouretz

O Redemunho do Horror
    Luiz Costa Lima

Eis Antonin Artaud
    Florence de Mèredieu

Averróis: A Arte de Governar
    Rosalie Helena de Souza Pereira

Sábato Magaldi e as Heresias do Teatro
    Maria de Fátima da Silva Assunção

Diderot
    Arthur M. Wilson

A Alemanha Nazista e os Judeus, Volume 1: Os Anos da Perseguição, 1933-1939
    Saul Friedländer

A Alemanha Nazista e os Judeus, Volume 2: Os Anos de Extermínio, 1939-1945
    Saul Friedländer

Norberto Bobbio: Trajetória e Obra
    Celso Lafer

Hélio Oiticica: Singularidade, Multiplicidade
    Paula Braga

Caminhos do Teatro Ocidental
    Barbara Heliodora

Alda Garrido: As Mil Faces de uma Atriz Popular Brasileira
    Marta Metzler

Na Senda da Razão: Filosofia e Ciência no Medievo Judaico
    Rosalie Helena de Souza Pereira (org.)

Ziembinski, Aquele Bárbaro Sotaque Polonês
    Aleksandra Pluta

Stanley Kubrick: O Monstro de Coração Mole
    Marcius Cortez

Este livro foi impresso na cidade de São Paulo,
nas oficinas da Orgrafic Gráfica e Editora,
em setembro de 2017, para a Editora Perspectiva